Exklusionserfahrungen geflüchteter Menschen aus Kamerun

Ingmar Zalewski

Exklusionserfahrungen geflüchteter Menschen aus Kamerun

Herausforderungen und Strategien nach der Flucht

 Springer

Ingmar Zalewski
Potsdam, Deutschland

Masterarbeit, Universität Potsdam, 2016

OnlinePlus Material zu diesem Buch finden Sie auf
http://www.springer.com/978-3-658-17806-2

ISBN 978-3-658-17805-5   ISBN 978-3-658-17806-2   (eBook)
DOI 10.1007/978-3-658-17806-2

Die Deutsche Nationalbibliothek verzeichnet diese Publikation in der Deutschen National-
bibliografie; detaillierte bibliografische Daten sind im Internet über http://dnb.d-nb.de abrufbar.

Gedruckt auf säurefreiem und chlorfrei gebleichtem Papier

Springer ist Teil von Springer Nature
Die eingetragene Gesellschaft ist Springer Fachmedien Wiesbaden GmbH
Die Anschrift der Gesellschaft ist: Abraham-Lincoln-Str. 46, 65189 Wiesbaden, Germany

Inhaltsverzeichnis

Danksagung

Mit der Fertigstellung dieses Buches möchte ich mehreren Personen herzlich danken. An erster Stelle gebührt dieser Dank den Menschen von Refugees Emancipation e. V., denn ohne sie gäbe es mein Erkenntnisinteresse und die Idee zu dieser Arbeit nicht. Hervorheben möchte ich Boris, Imma und Chu: Ich danke Euch für das Vertrauen, den Einblick in Eure tägliche Arbeit, Eure Geduld und die unablässige Unterstützung in der konkreten Umsetzung meiner Forschung. Sie sind das Fundament dieser Arbeit.

Besonders bedanken möchte ich mich bei Prof. Dr. Stefan Thomas für die hervorragende Betreuung dieser Arbeit. Sein Insistieren auf einer gegenüber der alltäglichen Lebenspraxis von Menschen aufgeschlossenen (Sozial-)Psychologie und seine Vermittlung methodischer Kompetenzen im Bereich von Exklusion und Partizipation haben wesentlich dazu beigetragen, dass diese Arbeit zu dem geworden ist, was sie ist. Ganz herzlich möchte ich mich außerdem bei PD Dr. Daniela Niesta Kayser bedanken, die mir die Bearbeitung meines Wunschthemas im Rahmen einer Qualifizierungsarbeit ermöglichte. Für die vielfachen Gelegenheiten des gemeinsamen Nachdenkens über das Thema Flucht in einem solidarischen Arbeitsumfeld unter kritischen Wissenschaftler_innen danke ich Dr. Madeleine Sauer und Dr. Timo Ackermann. Für die konstruktive Kritik und die Aufforderung zur systematischen Weiterführung meiner Analysen danke ich PD Dr. Detlef Gaus. Fabian Köhler war mir mit seiner Expertise in Fragen des Asylrechts stets eine große Hilfe. Auch ihm danke ich sehr herzlich. Für die akribische Arbeit am Manuskript, die für mich unverzichtbar war, danke ich Harald Zalewski, David Brehme, Christin Schütze und Friederike Schormann. Frieda, Dir danke ich außerdem dafür, dass ich so viele meiner Eindrücke und Erfahrungen während des gesamten Projekts mit Dir teilen konnte. Bei meiner Familie möchte ich mich für ihren beharrlichen Zuspruch bedanken, über den ich mich glücklich schätze.

Dem Springer VS Verlag danke ich für diese Möglichkeit, die Arbeit einer größeren Leser_innenschaft zur Verfügung stellen zu können.

Abschließend denke ich an die Menschen, denen ich im Rahmen meines Feldaufenthaltes begegnete. Ich möchte mich bei allen für ihre Zeit und die Aufgeschlossenheit mir und meinem Projekt gegenüber von Herzen bedanken. Paul, Joel, Samuel, Patrick, Carl und Jacques: Danke für Eure Bereitschaft, mich teilhaben zu lassen an Eurer gegenwärtigen Lebenssituation. Eure Offenheit in den Gesprächen bedingte, dass mein Blick auf mich und unsere Gesellschaft ein ums andere Mal irritiert und diese Arbeit zu einer persönlich prägenden Erfahrung wurde.

Potsdam, im April 2017

Inhaltliche Problemstellung 1

1.1 Einleitung

In den letzten zwei Jahren hat die Debatte über Menschen auf der Flucht in Deutschland eine nie zuvor erreichte Aufmerksamkeit erfahren. Ausgelöst durch sich verschärfende humanitäre Problemlagen, wie der in Syrien und Afghanistan, kamen im letzten Jahr mehr Menschen als je zuvor in Deutschland an.[1] Die sogenannte „Flüchtlingskrise" entwickelte sich in Folge dessen zu einem der dominantesten Diskurse der deutschen Öffentlichkeit. Die Existenz einer gesellschaftlichen Debatte ist jedoch nicht gleichbedeutend mit der Abwesenheit der zugrundeliegenden Thematik in den Jahren zuvor. Umstände, die Menschen dazu nötigen, ihr Heimatland zu verlassen, bestehen nicht erst aufgrund jüngerer partikularer Ereignisse, sondern sind historisch gewachsen und struktureller Art. Schon vor den Entwicklungen der jüngeren Vergangenheit zählten Flucht und Migration zu den zentralen Kennzeichen der Moderne (Adler & Gielen 2003).

Allein während des überschaubaren Bearbeitungszeitraums überschlugen sich die Tagesaktualitäten und überholten diverse Diskursverschiebungen dieses Projekt mehrmals: Als im Sommer 2015 Grenzen geöffnet wurden, dominierten das ehrenamtliche Helfen und Solidarisierungen mit Refugees von verschiedenster Seite die öffentliche Wahrnehmung (Vey & Sauer 2016). Aktuell werden Grenzen wieder geschlossen, und es kommen insgesamt weniger Menschen nach Deutschland als noch im letzten Sommer. Es stellt sich aktuell eher die Frage, was von dem „Wir schaffen das" (Angela Merkel) des Sommers 2015 langfristig bleibt. Parallel dazu kommt es in Zeiten des europaweit erstarkten Rechtspopulismus, der offen über

---

[1] 1.091.894 geflüchtete Menschen sind laut Statistik vom 06.01.2016 des Bundesamts für Migration und Flüchtlinge (BAMF) im Jahr 2015 in Deutschland angekommen.

© Springer Fachmedien Wiesbaden GmbH 2017   1
I. Zalewski, *Exklusionserfahrungen geflüchteter Menschen aus Kamerun*,
DOI 10.1007/978-3-658-17806-2_1

Schießbefehle an Europas Grenzen diskutieren lässt, zu einer Vielzahl rassistisch motivierter Aufmärsche und einem massiven Anstieg an Übergriffen auf Geflüchtetenunterkünfte.[2] Die geführten Debatten gewinnen innerhalb einer solchen „Gleichzeitigkeit des Ungleichzeitigen" (Bloch 1985) gefährlich an Schärfe hinzu, wie jüngst die *Leizpiger Mitte-Studie* zeigte (Decker, Kiess & Brähler 2016). In der Öffentlichkeit werden die Debatten außerdem von einem „Bilderregime" (Karakayalı & Tsianos 2007: 7) sondergleichen begleitet – seien es die Bilder von Menschen in überfüllten kleinen Booten oder die von Menschentrauben, die ausharren an Bahnhöfen, Behörden, in Turnhallen.[3] Eine der Kehrseite des öffentlichen Diskurses ist hier: Es wird in aller erster Linie *über* geflüchtete Menschen gesprochen, *mit* ihnen hingegen weniger. Problematisch daran ist, dass die Debatte somit – ob gewollt oder nicht – vielfältige Paternalismen und Ausschlüssen denen gegenüber produziert, um deren Lebenssituation es letztlich geht. Was der Debatte in Abwesenheit der Perspektiven der Geflüchteten abgeht, sind die Einholung der konkreten Erfahrungen der Menschen und damit auch verschenkte Möglichkeiten einer bedarfsgerechten Unterstützung der Menschen.

Es ist daher angebracht, eine grundsätzlich andere Perspektive einzunehmen. Die „Flüchtlingsdebatte" – die Ebene des Populären, des Medialen, der Parolen und der Bilder – soll verlassen werden. Wissenschaft bedeutet, die „blühende Wissenswiese unter der Oberfläche des Allgemeinwissens" (Thomas 2013: 20) zu finden. Was bei einer Auseinandersetzung mit einer derart aufgeladenen politisch-emotionalen Dimension jedoch immer eine gewisse Herausforderung darstellt, wie Schlichte (2010: 23) betont: „Wie bei vielen anderen politischen Themen besteht auch bei Flucht und Asyl eine Schwierigkeit darin, zu sprechen, ohne dabei die Sprache des Staates zu benutzen." Sich dessen bewusst, hat sich diese Arbeit zum Ziel gesetzt, die Menschen, die hierher fliehen, selbst zu Wort kommen zu lassen. Von ihnen – und nicht vermittelt über den öffentlichen Diskurs – soll eingeholt werden, was sie bewegt, welche Erfahrungen sie machen. Geflüchtete werden als Expert_innen[4] ihres eigenen Lebens betrachtet, von denen

---

[2]Laut eines Berichts von Amnesty International (2016) belief sich die Zahl „politisch motivierter Straftaten gegen Flüchtlingsunterkünfte" 2013 noch auf 63, während sie 2015 bei 1.031 lag, was einer Steigerung von 1500% entspricht.

[3]Auch konkrete Verortungen der „Krise" sind virulent: Idomeni, Lampedusa, Lesbos können sinnbildlich für die „Festung Europa" stehen, während Orte wie Tröglitz, Heidenau, Clausnitz und Freital die Zuspitzungen der spezifisch „deutschen Zustände" (Heitmeyer 2002–2011) ausdrücken.

[4]Diese Arbeit verwendet eine geschlechtergerechte Sprache. Nur wenn explizit von den Männern, die interviewt worden sind, die Rede ist, oder ein feststehender Begriff aus der Literatur – z.B. *der Fremde* – zitiert wird, steht die männliche Form.

in dieser Studie versucht wird, etwas zu lernen. Besonders relevant erscheint dabei die Zeit ihres Ankommens in Deutschland – die Zeit, in der Thematiken der Asylanerkennung und damit einhergehende rechtliche Restriktionen besonders virulent sind. Der Themenkomplex Flucht und Asyl wird aus der Innenperspektive – der Subjektperspektive von Geflüchteten – analytisch erschlossen. Eine Reproduktion von Paternalismus in der gegenwärtigen Flüchtlingsdebatte wird mit einer solchen partizipativ ausgerichteten Studie entgegengearbeitet: „Nicht Forschung über Menschen und auch nicht für Menschen, sondern Forschung mit Menschen – dies ist der Anspruch ... von partizipativer Forschung" (Bergold & Thomas 2010: 333).

Die Idee zu dieser Arbeit ist vor allem aus den persönlichen Erfahrungen eines bis dato anhaltenden Feldaufenthaltes in einem Potsdamer Geflüchtetenheim entstanden. Seit Ende 2014 unterstütze ich dort die selbstorganisierte Geflüchtetengruppe Refugees Emancipation e.V. (RE). Ihr vorrangiges politisches Ziel ist es, auf die Muster der Bevormundungshaltung gegenüber Geflüchteten in der deutschen Gesellschaft – auch im erweiterten Kontext der afrikanischen Kolonialgeschichte – aufmerksam zu machen. In praktischer Hinsicht setzen sie sich vor allem für das Recht auf Informationen von Asylbewerber_innen ein. In den Geflüchtetenheimen, in denen Menschen oft keinen Zugang zum Internet haben, richten sie seit mehreren Jahren selbstverwaltete Internetcafés ein. Die Schaffung eines selbstverwalteten Raums innerhalb der Heime bietet den Geflüchteten Möglichkeiten für Empowerment und Selbstbehauptung. Besonders während des Ankommens stellen Refugees Emancipation einen wichtigen Halt-, Anlauf- und Vernetzungspunkt für Geflüchtete dar. Zusammen mit weiteren Unterstützer_innen, die sich solidarisch mit ihnen zeigen, helfe ich bei ihrem Projekt einer Hausaufgabenhilfe für Kinder und Jugendliche in einem der erwähnten Internetcafés mit. Ich besuche in diesem Zusammenhang die Unterkunft wöchentlich. Zudem assistiere ich Refugees Emancipation gelegentlich bei kleineren Übersetzungsarbeiten. In vielen Gesprächen mit geflüchteten Menschen, die über Refugees Emancipation zusammenkommen, bin ich immer wieder auf deren Herausforderungen in der Anfangszeit, wie auch auf die Notwendigkeit des Paternalismusabbaus gegenüber Geflüchteten aufmerksam gemacht worden. Die hier vorgelegte Studie besitzt daher auch eine gesellschaftspolitische Dimension und Relevanz: Sie will zur Sensibilisierung für die Notwendigkeit des Paternalismusabbaus beitragen. Es geht ihr darum, beizutragen, ein besseres Verständnis für die Lebensrealität geflüchteter Menschen zu entwickeln. Herausforderungen von Geflüchteten während der Zeit des Ankommens besser zu verstehen, würde helfen, Bedarfe und Möglichkeiten für Unterstützungsformen anzuzeigen und anzuregen, die sich an ihrer Selbstbestimmung orientieren.

Zum dargelegten Erkenntnisinteresse – Erfahrungen und Herausforderungen geflüchteter Menschen in der Zeit ihres Ankommens – wird im nächsten Kapitel ein Überblick des wissenschaftlichen Kenntnisstandes erarbeitet (1.2). Die *Forschungsliteratur* wird kritisch diskutiert, um zu einer theoretischen Fundierung einer Analyseperspektive zu kommen, aus der heraus eine *Fragestellung* für die eigene empirische Studie formuliert werden kann (1.3). Anschließend werden die Überlegungen für die methodische Umsetzung der Forschungsfrage vorgestellt. In diesem Zusammenhang wird die Studie zunächst innerhalb einer übergeordneten *Methodologie* verortet (2.1). Es wird die *Datenerhebung* (2.2) samt Vorlauf (2.2.1.), Erhebungsmethode (2.2.2), verwendeter Instrumente (2.2.3) sowie Stichprobe (2.2.4) und im Verlauf (2.2.5) beschrieben. Wie auch die *Datenauswertung* (2.3) von der Materialaufarbeitung (2.3.1) über die Auswertungsmethode (2.3.2) bis zur Dokumentation des Vorgehens (2.3.3) im Detail behandelt wird. Der eigentliche Schwerpunkt der Studie liegt aber sodann auf der Präsentation ihrer *Ergebnisse* (3.1 – 3.5). In der abschließenden *Diskussion* (4.1 – 4.4) werden diese an den wissenschaftlichen Diskurs angeschlossen, dabei inhaltliche und methodische Limitierungen der Studie reflektiert und ein Ausblick gegeben.

1.2   Theorie

1.2.1   Ankommen als Kulturschock

Aus der einschlägigen Forschungsliteratur sind vielfältige Herausforderungen bekannt, die für Menschen nach erfolgter Migration in der Zeit ihres Ankommens und der Neuorientierung auftreten können. Aus der Perspektive der kulturvergleichenden Psychologie ist dazu die Literatur zum sogenannten *Kulturschock* zu nennen (Furnham 2010; Ward, Bochner & Furnham 2001). Das Phänomen des Kulturschocks hat unlängst Eingang in die Alltagssprache gefunden. Wissenschaftlich ist es seit Oberg (1960) breit erforscht. Die Kulturschock-Erfahrung beschreibt im Kern eine heftige Irritation – einen „hurtful surprise" (Furnham 2010: 87), zu dem es kommen kann, wenn Menschen in ein neues kulturelles Umfeld eintreten. Obwohl es an einer einheitlichen Definition mangelt, so besteht in der Literatur doch Einstimmigkeit in folgenden zentralen Punkten: „Culture shock is a disorientating experience of suddenly finding that the perspectives, behaviours and experience of an individual … are not shared by others. However, it … is a ubiquitous and a normal stage in any acculturative adaptive process that all ‚travellers' experience" (Furnham 2010: 87). Refugees stellen demnach nur eine der potentiell von einem Kulturschock betroffenen

Gruppen dar. Ihre Erfahrungen werden jedoch als besonders kritisch von Ward et al. (2001: 221) diskutiert. Als potentiell intensivierende Umstände nennen sie: (1) Die oft bedrohlichen und traumatischen Erfahrungen vor der Flucht (Farias 1991). (2) Der Umstand, dass die Flucht vielmehr erzwungen (Push-Faktoren) als gezielt (Pull-Faktoren) erfolgte (Kim 1988). (3) Die Tatsache, dass es Refugees im Vergleich zum gewöhnlichen „traveller" nicht möglich ist, einfach nach Hause zurück zu kehren (Beiser, Dion, Gotowiec, Hyman & Vu 1995). (4) Die Unvorbereitetheit, was insbesondere Sprachkenntnisse betrifft und (5) den Fakt, dass Geflüchtete oft aus kulturellen Kontexten stammen, die sehr verschieden zu denen im Aufnahmeland sind. In Anbetracht dessen spricht Mollica (1990) von der „refugee experience" als einem „social earthquake."

Mit dem Kulturschock wird – vielleicht auch bedingt durch seine enorme alltagssprachliche Verbreitung – ein sehr allgemeines und stellenweise diffus bleibendes Phänomen beschrieben, welches nicht nur für Refugees, sondern auch für die Erfahrung von Reisenden und Tourist_innen einen Bezugspunkt bietet. Dieser Umstand entbehrt nicht eines gewissen Zynismus, könnte doch die soziale Distanz zwischen Tourist_innen und Refugees kaum größer sein. Die Frage der Vergleichbarkeit von Erfahrungen soll daher hier durchaus kritisch gestellt sein. Beachtet man auch den Umstand, dass in dieser Forschungstradition oft an Stichproben von Austausch-Student_innen Daten erhoben wurden, kann eine direkte Übertragung der Kulturschockforschung als dominierendes Paradigma auf die Erfahrungen von Geflüchteten nicht erfolgen. Es ist eine Forschungslinie, die vor allem deskriptiv eine Bandbreite unterschiedlicher psychischer Reaktionen auf kulturelle Irritationen aufzeigen kann, welche auch auf Geflüchtete generell zutreffen können. Relevant erscheint auch der Aspekt, dass dabei vor allem zuvor nicht hinterfragte Gewissheiten und Regeln des Alltagslebens wie die Alltagskommunikation nachhaltig erschüttert werden können: „Losing the power of easy communication can disrupt self-identity, world views and indeed all systems of acting, feeling and thinking" (Furnham 2010: 87).

1.2.2 Ankommen als Fremder

Wenn der aufgemachten Linie der sozialen Irritation weiter nachgegangen wird, stößt man schnell auf den nächsten Forschungsstrang, der die Postmigrations-Erfahrung beschreibt und an die Kulturschockforschung anschlussfähig ist: Die Soziologie des Fremden. Ausgang nehmend bei den sogenannten klassischen Soziologien des Fremden bei Simmel (1923) und dem sozialpsychologischen Zuschnitt bei Schütz (1972) bis zur gegenwärtigen empirischen Nutzbarmachung

(Reuter & Warach 2015) hat sich *Fremdsein* als eine Schlüsselkategorie sozial-
wissenschaftlicher Migrationsforschung etabliert. In den soziologischen Klassi-
kern[5] wird der Fremde als Typus beschrieben, „der sich einer kulturellen
Gemeinschaft außerhalb seiner Heimat anschließen möchte, aber kein gelebtes
Vorwissen von dieser besitzt" (Reuter & Warrach 2015: 171). Ohne dieses Vorwissen passiert das, was in den Kulturschocktheorien als „losing the power to
easy communication" herausgestellt wurde: Eine tiefgreifende Vertrauens- und
Verstehenskrise setzt ein. Schütz (1972: 62) konzeptionalisiert diese in seiner
Sozialpsychologischen Standortbestimmung des Fremden als eine „Krisis," die
einer Erschütterung des „habituellen Denken-wie-üblich" gleichkommt. „Das
hervorragende Beispiel dieser sozialen Situation ist der Immigrant" (Schütz 1972:
53). Nach seiner Ankunft versteht er seine Umgebung nicht und wird von dieser
ebenso nicht verstanden. Gleichzeitig erhofft er sich, „von der Gruppe, welcher er
sich nähert, dauerhaft akzeptiert oder zumindest geduldet" zu werden (Schütz
1972: 53). Es liegt demnach ein beidseitiges Übersetzungsproblem vor, das
sowohl vom Fremden und der etablierten Gruppe[6] produziert wird: Der Fremde
„kollidiert mit dem Wissenshorizont einer kulturellen Gemeinschaft, weil er eine
andere Wissensordnung – ein anderes Relevanzsystem – besitzt, so dass nicht nur
die Auslegung des Fremden durch die Gruppe, sondern auch die Antizipation der
Handlungsweisen und Wirklichkeitsvorstellungen der Gruppe durch den Fremden
misslingt" (Warrach & Reuter 2015: 173).

Mit der Kategorie des Fremdseins kann sich dem Gegenstand der Untersuchung weiter angenähert werden. Zwar ist auch sie keine genuine Perspektive auf
Refugees, aber diese stehen hier nicht mehr neben den Tourist_innen, sondern
beispielsweise neben arbeitslosen und behinderten Menschen, die auch zu Fremden gemacht werden können (Warrach & Reuter 2015: 175). Damit verdichtet
sich im Diskurs auch zunehmend ein Fokus auf soziale Ausgrenzung. Insbesondere Schütz' Konzeptualisierungen von Fremden als Immigrant_innen scheinen
für die Erfahrungen der Refugees fruchtbar zu sein. Wie sich jedoch ein solches
Fremdsein ausgestaltet, bleibt eine empirische Frage. Eine Essentialisierung,
wie in den klassischen Soziologien des Fremden – also eine Vorabbestimmung
des Refugees als Fremden – kann in jedem Fall nur bedingt zielführend sein. Wie

---

[5]Einen weiteren Schwerpunkt bilden die Arbeiten zum „Marginal Man" von Park (1928).
Den klassischen Soziologien zu eigen ist, dass diese Migrant_innen per se als Fremde
bestimmen. Einen Schwerpunkt auf die Konstruktionen der Fremdheit legen hingegen Reuter & Warrach (2015: 170).

[6]Elias und Scotson (1990) gingen davon aus, dass bereits in dieser Etablierten-Außenseiter
Konstellation der Großteil der Ablehnung begründet liegen kann.

Reuter und Warrach (2015: 186) vorschlagen, möchte ich daher Refugees nicht per se als Fremde bezeichnen, sondern vielmehr die klassischen Perspektiven des Fremden dafür nutzen, „nicht nur die unterschiedlichen Dimensionen und Grade von Fremdheit analytisch zu unterscheiden," sondern in der späteren empirischen Analyse auch „bestimmen, worin denn genau die Irritation ... liegt."

1.2.3 Ankommen und Asylanerkennung

Mit den Perspektiven auf das Fremdsein im Hintergrund kann nun auf die spezifischen Herausforderungen von Refugees im Prozess der Asylanerkennung im Aufnahmeland eingegangen werden. Hier sind einzelne empirische Studien aufschlussreich, die jedoch eher lose nebeneinander stehen, einzelne Aspekte herausgreifen, aber weniger einen übergreifenden theoretischen Rahmen bilden. Insbesondere im Kontext psychotherapeutischer Praxisforschung zum Themenkomplex Flucht und Trauma lassen sich jedoch einige wichtige Hinweise finden, die einbezogen werden sollen.

Zunächst: Es gilt aus einer solchen Perspektive als gesichert, dass restriktive gesellschaftliche Bedingungen im Aufnahmeland mit einer Beeinträchtigung der Lebensqualität und des Wohlergehens von Refugees einhergehen (Birck 2002; Merkord 1996; Silove, Steel & Watters 2000). Im Allgemeinen zeigen Refugees, die sich in der Phase der Asylanerkennung befinden, ausgesprochen hohe psychische Belastungen (Ryan, Kelly & Kelly 2009), was zum einen mit „mitgebrachten" traumatischen Erfahrungen vor und während der Flucht erklärt wird. Für Deutschland gehen Gäbel, Ruf, Schauer, Odenwald & Neuner (2006) beispielsweise von einer Prävalenz der Posttraumatischen Belastungsstörung (PTBS) von bis 40% aus, was sich mit internationalen Zahlen größtenteils deckt (Gurris & Wenk-Ansohn 2009). Auffällig ist jedoch zum anderen, dass die Stressoren während der Orientierungsphase im Exil sogar größeren Einfluss auf die allgemeine psychische Belastungssituation haben können, als die im Heimatland erlebten traumatischen Erfahrungen (Carsewell, Blackburn & Barker 2011; Lindencrona, Ekblad & Hauf 2008; Miller, Weine, Ramic, Brkic, Djuric Bjedic, Smajkic, Boskailo & Worthington 2002; Schweitzer, Brough, Vromans & Asic-Kobe 2011).

Zu solchen zentralen Belastungsfaktoren werden in der Forschung zum Beispiel der *Rückgang des sozialen Netzes* – auch in vergleichender Perspektive zur vorherigen Situation im Heimatland – diskutiert. Während fehlende soziale Einbindung der Refugees mit erhöhten posttraumatischen Symptomatiken einhergeht (Momartin, Steel, Coello, Aroche, Silove & Brooks 2003; Steel, Silove, Brooks, Momartin, Alzuhairi & Susljik 2006), kann ein funktionierendes soziales Netz als eine Art Puffer einer Posttraumatik entgegenwirken und höhere Lebensqualität ermöglichen (Carlsson, Mortensen & Kastrup 2006; Ozer, Best, Lipsey & Weiss 2008). Mit sehr umfassenden Einschränkungen für das subjektive Wohlbefinden verbunden ist außerdem die *Arbeitslosigkeit* (Beiser & Hou 2001; Carlsson, Olsen, Mortensen & Kastrup 2006; Paul & Moser 2009; Tinghög, Hemmingsson & Lundberg 2007). Ein *temporärer Aufenthaltsstatus* wird in der Literatur als weiterer Stressor an sich diskutiert (Momartin et al. 2006; Steel at al. 2006). Außerdem kann die *Länge des Asylverfahrens* zum entscheidenden Belastungsfaktor werden, der sowohl Depressionsrisiko, Alkoholabhängigkeit und geminderte Lebensqualität begünstigt (Laban, Gernaat, Komproe, Schreuders & de Jong 2004; Laban, Komproe, Gernaat & de Jong 2008). Nach Erhalt eines dauerhaften Aufenthaltsstatus gehen die psychischen Belastungen hingegen tendenziell zurück (Davis & Davis 2006; Nickerson, Steel, Bryant, Brooks & Shove 2011). Oft erst mit einem solchen Aufenthaltstitel erfahren die Menschen – symbolisch vermittelt – die Art von ganzheitlicher gesellschaftlicher Anerkennung ihrer Geschichte und ihrer Person, nach der sie suchen (Brandmaier 2013: 17). Solange sie nicht stattfindet, herrscht Unsicherheit über die eigene Zukunft – häufig verknüpft mit chronischer Angst vor dem Szenario der Abschiebung (Oulios 2013). Die erste „Phase im Exil" gilt daher als von besonderer „Unsicherheit und einem subjektiven Gefühl der Bedrohung" gerahmt (Brandmaier 2013: 22).

Abschließend ist nochmals zu betonen, dass die hier vorgestellten Studien größtenteils im Kontext der Traumaforschung stehen. Bei Geflüchteten ist jedoch nicht per se eine Traumatisierung zu vermuten. Der Fokus sollte künftig vielmehr auch über den Blick auf Traumatisierung hinaus ausgeweitet werden. Auch ist bisher wenig über Wechselwirkungen zwischen individuellen Faktoren (unterschiedliche Resilienzen), gesellschaftlichen Strukturen und Bewältigungsstrategien bekannt. Insgesamt ist daher zu konstatieren, dass die Forschung für die Weiterentwicklung von theoretischen Perspektiven und empirischen Konzepten weiterhin auch explorativ ausgerichteter Studien bedarf. Besonders die qualitative Sozialforschung (Brandmaier 2011, 2013, 2016; Kaulertz 2016; Kühn 2016; Täubig 2009) widmet sich aktuell der Frage nach den subjektiven Erfahrungen von Geflüchteten in der Zeit ihres Ankommens. Sie stellen daher einen wichtigen Orientierungspunkt für die eigene Arbeit dar.

1.2.4   Ankommen im Geflüchtetenwohnheim

Separiert betrachtet werden soll die *Unterbringungssituation* der Refugees. Das Geflüchtetenwohnheim ist der soziale Raum, in dem viele Refugees – auch bedingt durch Auflagen der Mobilitätseinschränkungen, Arbeitslosigkeit und fehlendes soziales Netz in die deutsche Zivilgesellschaft hinein – den Großteil ihrer Zeit verbringen. Sie prägt die Erfahrungen der Refugees daher in besonders entscheidendem Maße (Porter & Haslam 2005). Sie kann als das verstanden werden, was Bourdieu (2001a: 373) „Raum des Möglichen" nennt. Die Flüchtlingsunterkunft gibt der Handlungsfähigkeit und den Handlungsspielräumen der Refugees von vornherein eine – begrenzende – Struktur. Im Gegensatz zu den weiter oben genannten Hinweisen ist die Asylbewerber_innenunterkunft ein bereits systematisch beforschtes Topos. Insbesondere die psychischen Belastungen von den vorherrschenden Sammelunterbringungssituationen für die Bewohner_innen sind dokumentiert (Behrensen & Groß 2004; Pieper 2008, 2012; Ressel 1994; Täubig 2009). Das Wohnen in organisiert-verwalteten Sammelunterbringungen fällt zumeist zusammen mit der empirischen „Beobachtung, dass als Fremde bezeichnete Personen(gruppen) nicht selten wohnräumlich segregiert am Stadtrand und somit am Rande der Mehrheitsgesellschaft leben" (Reuter & Warrach 2015: 176). Es ist hiermit also auch eine sozialräumliche Widerspiegelung der Refugees in ihrer Rolle als Fremde gegeben.

Im Bereich der kritischen Flucht- und Migrationsforschung wird diese Art der Unterbringung zumeist als eine Form von Kasernierung konzeptioniert – also kleine weitestgehend in sich geschlossene Gesellschaften, die wie Inseln innerhalb der Gesellschaft existieren (Schäfer 2015a: 248). Die *totale Institution* nach Goffman (1973) wäre hier die klassische sozialwissenschaftliche Perspektive.[7] Einschlägige, an diesem Zugang ansetzende Forschungen arbeiten vor allem die sogenannte „organisierte Desintegration" (Pieper 2008, 2012; Täubig 2009) heraus. Demnach sei die gegenwärtige Unterbringungsform von Geflüchteten in erster Linie dahingehend ausgerichtet, Menschen kontrollier- und verwaltbar zu halten. Ihre Funktion bestehe in der Sicherstellung der Handlungsfähigkeit der Migrationspolitik. Damit ginge eine „Praxis der Entrechtung" der Bewohner_innen einher: Es wird deutlich, dass „durch den Einschluss (ins Lager) ein (gesellschaftlicher) Ausschluss stattfindet" (Pieper 2012: 73). Es herrsche prekäres Ankommen durch massive Einschränkung der Handlungsfähigkeit der Bewohner_innen in Asylbewerber_innenunterkünften vor, wie auch die qualitative Sozialpsychologie Brandmaiers (2011, 2013, 2016) herausarbeitet.

Das Kasernierungsparadigma kann den Blick auf die Rahmung des Lebensalltags der Menschen durch ausgrenzende gesellschaftliche Struktur schärfen. Es betont nochmals die Notwendigkeit, subjektive Erfahrung und gesellschaftlichen

---

[7]Daneben werden aber auch Foucaults (1994) „Disziplinaranstalt" und aktuell insbesondere Agambens (2002) „Lager" diskutiert.

Kontext zusammen zu denken und bildet daher eine wichtige Orientierungs-
heuristik für die eigene Untersuchung. Allerdings sei angefügt, dass zwischen
Heimen im Stadtzentrum mit guter infrastruktureller und nachbarschaftlicher
Einbindung und solchen sehr abgeschirmten – und im „Hinterland" gelegenen –
teils erhebliche Unterschiede vorliegen können. Die Rahmenbedingungen, die
Geflüchtete im ersten Fall vorfinden, wären dann nur schwer mit denen im letzt-
genannten Fall zu vergleichen. Eine Konzeptionierung des Flüchtlingswohnheims
sollte solche Differenzierungsmöglichkeiten und eine Offenheit für jeweils lokal
stattfindende Dynamiken aber zulassen. Auch bleibt, wie Schäfer (2015b: 17) in
der Diskussion bereits bemerkte, zu prüfen, inwiefern nicht droht, den „Blick
auf all die widerstreitenden und an etablierten Machtverhältnissen vorbeilaufen-
den Handlungspraktiken" zu versperren, wenn von vornherein von einer totalen
Kasernierung – einem „ohnmächtigen Raum" (Brandmaier 2016) – ausgegangen
wird. Es ist dann tatsächlich die Frage, ob so etwas wie Handlungsfähigkeit der
Menschen als empirische Kategorie im Rahmen der theoretischen Perspektive
überhaupt noch denkbar ist, der Raum des Möglichen in Konsequenz dann nicht
mehr bloß Strukturierung, sondern totale Determinierung und Eliminierung von
Handlungsfähigkeit bedeuten würde. Für die eigene Studie soll der analytische
Blick – schon im Sinne des Ziels, auch auf Selbstbehauptungen der Geflüchteten
zu fokussieren – daher nicht von vornherein so eng gesetzt werden, dass Handlungsfähigkeit gar nicht mehr fass- und artikulierbar ist. Auf die zentrale Rolle,
die die Flüchtlingsunterkunft als Rahmung des Lebensalltags der Menschen
spielt, ist hiermit jedoch verwiesen.

1.2.5   Analyseperspektive: Exklusion

Die inhaltliche Diskussion um soziale Ausgrenzungsdynamiken von Refugees
nach erfolgter Flucht soll nun in eine analytische Perspektive überführt werden.
Damit ist das Ziel verknüpft, auch ein entsprechendes Vokabular zur Verfügung
zu haben und mit diesem zu einer in der Forschungsliteratur eingelassenen Fragestellung für die eigene Studie zu kommen. Statt von sozialer Ausgrenzung
möchte ich fortan von (sozialer) *Exklusion* sprechen. Der Exklusionsbegriff hat
verschiedene semantische Traditionen. Insbesondere in der französischen Debatte
steht er stark im Zeichen der Forschung zu den Auswirkungen von Arbeitslosigkeit (Castel 2000) und Armut (Paugam 2008). Auf diesen Feldern begründet die
Rede von Exklusion ab den 1980er Jahren ein neues sozialwissenschaftliches
Paradigma. Es etablierte sich, als die alten Begrifflichkeiten nicht mehr griffen,
um die Folgeerscheinungen, die mit der Krise des Fordismus und der neoliberalen

Umgestaltung der Gesellschaften einhergingen, adäquat zu beschreiben. Im Zuge der fortschreitenden Erosion des Modells des Wohlfahrtsstaats und des großflächigen Abbaus sozialer Sicherheiten sind solche Folgeerscheinungen: Prekäre Beschäftigungsverhältnisse, neue Arbeitslosigkeit, Gefahr des sozialen Abstiegs und die Verschiebung von ehemals sozial vermittelter zu nun weitestgehend selbsttätig zu leistender Integration in die Gesellschaft (Thomas 2010b: 14). Exklusion verweist daher sowohl auf die „Risiken und Gefahren der Individualisierung" (Thomas 2010b: 20), von denen besonders sozial benachteiligte Menschen betroffen sind und wird ebenso als ein Bündel von Dynamiken gefasst, die in Armut resultieren (Castel 2000). Insgesamt greift der Begriff damit das Auseinanderdriften und die Bedrohung der sozialen Kohäsion der Gesellschaft auf (Zeh 2015).

In Deutschland, wo der Begriff über Luhmann (1996) Eingang in den akademischen Diskurs fand, ist er hingegen explizit in der Ungleichheitsforschung verwurzelt. Zentraler Gedanke ist hier die Beschreibung von Gruppen, die „aufgrund sozioökonomischer Marginalisierung, lebenskultureller Entfremdung und sozialräumlicher Isolierung den Anschluß an den Mainstream unserer Gesellschaft verloren haben" (Bude 2008: 247) und damit von Exklusion betroffen sind. Dieser Forschungszweig wird auch als *Zwei-Welten-Theorie* bezeichnet. Exkludierte – oft wird auch der Begriff *Unterklasse* verwandt – stehen als Abgehängte auf der einen Seite, den erfolgreich Inkludierten auf der anderen Seite gegenüber, was der Idee einer Zweiteilung der Gesellschaft gleichkommt (Zeh 2015).

Beim Begriff der Exklusion handelt es sich also um einen mehrdeutigen Begriff der Sozialstrukturanalyse, der zwischen Armuts- und Ungleichheitsforschung vermittelt. Sozialpsychologisch akzentuiert lässt er sich zur theoretischen Unterfütterung der Frage nach den Erfahrungen der Geflüchteten nutzen. An die formulierten Einwände zum Kasernierungsparadigma anschließend, möchte ich dabei für ein Verständnis von Exklusion plädieren, dass nicht den totalen Ausschluss aus der Gesellschaft meint, sondern ausgrenzende Mechanismen innerhalb der Gesellschaft beschreibt, die Menschen an den Rand, aber nicht über den Rand der Gesellschaft hinausdrängen können. Dafür ist Kronauer (1999: 62) mit seiner Kritik an der Zwei-Welten-Theorie zu folgen, der zufolge es keine solche dichotome Zweiteilung – Inkludierte und Exkludierte der Gesellschaft – geben kann. Eine „Innen-Außen-Spaltung" sei Kronauer (1999: 62) zufolge eine „paradoxe Vorstellung" von Gesellschaft. Exklusion ist damit nicht diskontinuierlich, sondern vielmehr als Prozess und Phänomen gradueller Abstufung innerhalb der Gesellschaft zu fassen (Kronauer 2002: 210). Dies würde bedeuten, dass – selbst wenn Refugees alleine nach Deutschland kommen und hier mit besonders schweren Formen der sozialen Diskriminierung und Isolierung zu kämpfen haben – sie

doch immer noch in einem Mindestmaß sozialer Kontexte verortet bleiben. Der
alle Lebensbereiche umfassenden und sämtlicher Handlungsspielräume berauben-
den totalen Exklusion kann sich von diesem theoretischen Standpunkt aus lediglich angenähert werden, sie wird sich aber nie vollständig einstellen. Außerdem
neigt die Diskontinuitätsannahme der Zwei-Welten-Theorie dazu, das „Drinnen"
als Ideal anzusehen und Probleme auf das „Draußen" auszulagern. Eine solche
Defizitannahme über die Menschen, die sich „draußen" befinden, geht oft mit
einer Absprache von deren Gesellschaftsfähigkeit einher (Zeh 2015) und wurde
von verschiedener Seite scharf kritisiert (Anhorn 2008: 25; Cremer-Schäfer 2008:
162; Kronauer 2006: 40). Zusammenfassend möchte ich Exklusion also nicht
als Ausgrenzung *aus* der Gesellschaft sondern vielmehr als Ausgrenzung *in* der
Gesellschaft verstehen. Kritik lässt sich dann an exkludierenden sozialen Verhältnissen – und nicht an angeblich unfähigen Menschen – ansetzen.

Den Fokus möchte ich außerdem weg von der abstrakten Ebene der Sozialstruktur hin zur subjektiven Erfahrung verschieben. Damit soll an der aktuellen
empirischen Nutzbarmachung des Exklusionsparadigmas angeknüpft werden. In
der Literatur wird Exklusion im Zusammenhang mit *psychischer Desintegration*
diskutiert (Thomas 2010b). Es wird sich bezogen sowohl auf das Exklusions*erleben* und die *subjektive Dimension* von Exklusion (Böhnke 2006a, 2006b) als
auch das Exklusions*empfinden*, „dass es auf einen in der Gesellschaft nicht mehr
ankommt, weshalb man sich aus der Welt der Chancen verstoßen und in eine Welt
des Ausschlusses geworfen sieht" (Bude & Latermann 2006: 235). Für diese Studie bietet sich zunächst der Begriff der *Exklusionserfahrung* an. Wichtigste Prämisse ist in diesem Zusammenhang, dass Exklusion individuell erfahren, bewertet
und entgegnet wird und erst so eine Bedeutung für die Menschen erlangt (Böhnke
2006a: 88).

Exklusionserfahrungen lassen sich außerdem in unterschiedlichen Lebensbereichen machen und bleiben nicht einzig auf den Arbeitsmarkt oder die ökonomische Sphäre beschränkt. Kronauer (1997) nennt dabei zentrale Dimensionen,
auf die sich auch Thomas (2010b: 21) stützt: *Exklusion am Arbeitsmarkt, ökonomische Exklusion, räumliche Exklusion, institutionelle Exklusion, soziale
Exklusion, kulturelle Exklusion*. Allesamt stellen sie Lebensbereiche dar, die hier
bereits andiskutiert, nun aber auch in einer übergreifenden theoretischen Perspektive zusammengeführt werden können. Die einzelnen Dimensionen können sich
gegenseitig bedingen, kumulieren oder auch um ein Vielfaches komplexer zusammenhängen. Um nur einen beispielhaften Zusammenhang einer Art Kettenreaktion zu illustrieren: „Arbeitslosigkeit verursacht Einkommensarmut, beides führt
zum Rückzug vom kulturellen Leben, sodass über eine Reduktion der Lebens-
kreise auch das Netzwerk an sozialen Beziehungen schrumpfen wird" (Thomas

2010b: 22). Exklusion am Arbeitsmarkt, ökonomische Exklusion, kulturelle Exklusion und soziale Exklusion stehen hier also in einem direkten Zusammenhang. Es ist wichtig, Exklusion als ein solches mehrdimensionales Konzept zu fassen, denn gerade hierin besteht überhaupt erst seine Bedrohlichkeit (Ludwig-Mayerhofer & Barlösius 2001: 45). Die Dimensionen von Kronauer bieten für ein solches Verständnis einen guten theoretischen Bezugspunkt und heuristischen Orientierungsrahmen für die weiteren Ausführungen an.

1.3   Fragestellung

Als Abschluss der Auseinandersetzung mit der wissenschaftlichen Literatur soll nun die Formulierung einer Fragestellung aus dem entwickelten theoretischen Zugriff erfolgen. Als Einstieg in die Diskussion wurde zunächst versucht, sich der Erfahrung des Ankommens von Refugees vom Standpunkt der allgemeinen Migrationsforschung her zu nähern. Hierzu wurden insbesondere Herausforderungen der Diskontinuität des kulturellen Kontextes herausgearbeitet. Aus der Perspektive der kulturvergleichenden Psychologie wurde die Theorie des Kulturschocks vorgestellt und von dort Ausgang nehmend auf die sozialen Aspekte der anfänglichen Irritationen in neuer Umgebung fokussiert. Als wichtige Referenzen wurden hierfür dem Kulturschock verwandte Theoriekonzeptionen der Immigrant_innen als anschlusssuchende Fremde, die ein auf Gegenseitigkeit beruhendes Übersetzungsproblem mit ihrer neuen Umwelt haben, herangezogen. Darauf aufbauend wurden Erkenntnisse zu spezifischen Herausforderungen der Refugees, wie die belastende Unsicherheit in der Frage nach Asylanerkennung, die Länge des Asylverfahrens, vor allem die sozialräumliche Segregierung in Sammelunterbringungen, in die Diskussion integriert. Damit spitzte sich der Fokus auf Formen sozialer Ausgrenzung zu. Gleichzeitig wurde immer wieder deutlich, dass die strukturell gegebenen (regressiven) Rahmenbedingungen, mit denen sich Refugees besonders in der ersten Zeit konfrontiert sehen, nicht von ihren subjektiven Erfahrungen getrennt betrachtet werden können, erstere letztere aber auch nicht vollständig – z.B. in Form totaler Kasernierung – determinieren.

Eine Konzeptionalisierung der Thematik sozialer Ausgrenzung wurde schließlich innerhalb des Paradigmas der Exklusion vorgenommen. Der abstrakte Begriff der Exklusion hat hierfür einen Zuschnitt bekommen, der nicht mehr allein auf Sozialstruktur, sondern vielmehr auf die subjektive Erfahrung hin ausgearbeitet wurde. Damit ergab sich ein individualwissenschaftlicher, ein psychologischer Zugang zur Thematik, der die gesellschaftliche Vermitteltheit der Erfahrungen zugleich wahrt. Der entwickelte Exklusionsbegriff lässt auch insbesondere die

Behauptung von Handlungsfähigkeit der Geflüchteten gegenüber exkludierenden Verhältnissen zu, da die Totalität des Ausgeschlossenseins aufgebrochen,
die sogenannte Zwei-Welten-Theorie zugunsten eines Exklusionsverständnis
als graduellen Prozess abgelehnt wurde. Thematisch wurde dabei der Fokus von
Armut und Arbeitslosigkeit auf ein mehrdimensionales Konzept erweitert, wenngleich beides zentrale Dimensionen bleiben. Dieses ermöglicht es Exklusionserfahrungen fortan als sich in verschiedenen Lebenssphären ausdifferenzierend zu
betrachten.

Mit einem solchen Analyserahmen lässt sich konkret danach fragen, welcher
Art und Qualität die ausgrenzenden Erfahrungen – die Exklusionserfahrungen –
sind, die Geflüchtete in der Zeit des Ankommens machen. Es lässt sich sowohl
danach fragen, in welchen Lebensbereichen Refugees Exklusion erfahren und
wie sie mit ihr umgehen – welches Gegenhandeln die Menschen ergreifen, um
handlungsfähig zu bleiben. Somit ergibt sich die folgende im wissenschaftlichen
Diskurs eingebettete Fragestellung, die die Auseinandersetzung mit der einschlägigen Literatur an dieser Stelle – vorerst – abrundet:

Welche Exklusionserfahrungen machen geflüchtete Menschen während der Zeit
ihres Ankommens – und wie schaffen sie es, sich gegen diese zu behaupten?

Methode 2

2.1 Methodologie

2.1.1 Qualitative Sozialforschung

Die Auseinandersetzung mit der Fachliteratur verdeutlichte, dass es nur wenige Studien gibt, die Exklusionserfahrungen von Geflüchteten aus der Subjektperspektive[1] analytisch erschließen. Wie herausgearbeitet, mangelt es eher an theoretischer Dichte und einheitlichen Perspektiven, und es besteht daher weiterhin die Notwendigkeit, sich diesem Themenbereich *explorativ* zu nähern. Daher ist das zu Grunde gelegte Exklusionsparadigma auch ein „kategoriales Raster zur explorativen, problemsensitiven Erfassung lebensweltlicher Ausgrenzungsprozesse, in dem es nicht zuerst um die Formulierung von operationalisierbaren Faktoren geht" (Thomas 2010b: 20). Diesen Grundsatz gilt es auch methodisch adäquat umzusetzen. Bisherige Studien, die im weitesten Sinne vergleichbare Fragestellungen behandeln, bedienen sich fast alle ausschließlich Methoden aus dem Spektrum der *qualitativen Sozialforschung*[2] (Brandmaier 2011, 2016; Kühn 2016; Kaulertz 2016; Reiners 2010; Pieper 2008; Täubig 2009; Hartmann 2011). Auch

---

[1]Soll heißen: Innenperspektive. Es ergibt sich damit ein individualwissenschaftlicher – ein psychologischer Fokus – der Arbeit auf das Subjekt. Dieser ist auch in Abgrenzung zu einer soziologischen Perspektive zu verstehen, die um abstrakt bleibende Akteure kreist.

[2]Qualitative Sozialforschung wird hier als Sammelbegriff einer übergreifenden Methodologie verstanden, die wiederum ein großes Spektrum unterschiedlicher qualitativer Methoden zur Datenerhebung und Datenauswertung umfasst. Sie findet innerhalb der Psychologie zunehmende Verbreitung, wie die einschlägige Methodenliteratur dokumentiert (Breuer 1998, 2009; Camic, Rhodes & Yardley 2003; Flick 2000, 2010, 2014; Mey & Mruck 2010; Willig & Stainton-Rogers 2008).

© Springer Fachmedien Wiesbaden GmbH 2017
I. Zalewski, *Exklusionserfahrungen geflüchteter Menschen aus Kamerun*,
DOI 10.1007/978-3-658-17806-2_2

der eigenen Studie wurde die Methodologie der qualitativen Sozialforschung zu Grunde gelegt, aus der heraus eine Untersuchung im Feld entworfen wurde, bei der verschiedene qualitative Methoden zum Einsatz kamen. Zunächst gilt es daher, die Grundannahmen der qualitativen Sozialforschung offen zu legen.

Das Ziel qualitativer Sozialforschung ist „weniger, Bekanntes (etwa bereits vorab formulierte Theorien) zu überprüfen, als Neues zu entdecken" (Flick 2010: 27). Dieser explorative Charakter folgt dem Anspruch einer gegenstandsbegründeten Theoriebildung: In der qualitativen Sozialforschung wird der adäquaten Beschreibung des Gegenstands – in seiner Vielfalt an Aspekten, in seiner Komplexität, in seiner konkreten Einbettung in alltägliche Kontexte – Priorität eingeräumt. Es ergibt sich daraus das Postulat der *Gegenstandangemessenheit* der jeweiligen Methoden: Methoden ordnen sich dem zu untersuchenden Phänomen unter und werden in Abhängigkeit von diesem gewählt (Flick 2010). Dies ist eine der grundlegenden Prämissen, die für die Auswahl der in dieser Studie eingesetzten Methoden gelten soll. Im linear ausgerichteten quantitativen Forschungsprozess herrscht hingegen *Methodenangemessenheit* vor: Der Untersuchungsgegenstand ordnet sich der Methodik unter, Konstrukte werden vorab operationalisiert und Hypothesen über Zusammenhänge a priori mit dem Ziel ihrer empirischen Überprüfung formuliert. Dieses Vorgehen hat sich auf vielen Feldern – gerade im Bereich der Psychologie – bewährt und bietet große Vorteile. Zur Bearbeitung der hier vorliegenden Problemstellung ist dieser Zugang jedoch nicht geeignet. Er stößt schnell an seine Grenzen, wenn er am übergeordneten Ziel gemessen wird, Geflüchtete für sich selbst sprechen und sie ihre Sicht der Dinge eigenständig entfalten zu lassen. Den Rahmen, innerhalb dessen Geflüchtete ihre Antworten generieren können, von vornherein stark begrenzend vorzugeben, entspricht nicht der Prämisse, von Geflüchteten zu lernen. Es kommt eher einer Reproduktion von Paternalismen gleich, der entgegengearbeitet werden soll.

Qualitative Sozialforschung bietet hingegen grundsätzliche methodische Lösungen dieses Problems an. Wie in *Abbildung 2.1* dargestellt, ist die qualitative Sozialforschung durch eine *Zirkularität im Forschungsprozess* gekennzeichnet.

Die einzelnen Phasen der Datenerhebung, -auswertung und Materialauswahl sind so eng ineinander verzahnt, dass sie jederzeit auf die Gegenstandsangemessenheit hin überprüft und justiert werden können. Wie es noch zu zeigen gilt (2.2.4.), setzt sich somit auch die Samplestruktur schrittweise zusammen (Flick 2010: 126). Es wird gerade nicht bei den Hypothesen des_der Forscher_in, sondern bei der Perspektive der Erforschten angesetzt. Sie werden als Expert_innen für die Fragestellung angesehen und nicht der_die Wissenschaftler_in und seine Hypothesen. Um dies genauer verstehen zu können, ist ein kurzer Exkurs über die dahinterliegende Erkenntnistheorie nötig.

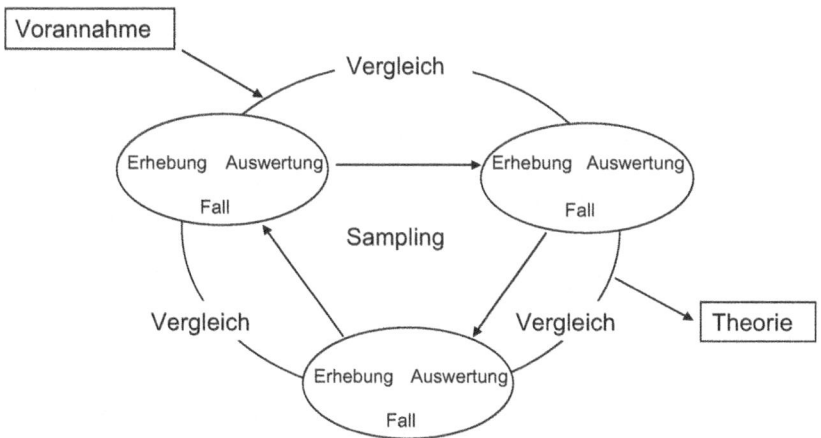

Abb. 2.1 Zirkuläres Modell des Forschungsprozesses (Flick 2010: 128)

2.1.2 Exkurs: Methodisch kontrolliertes Fremdverstehen

Der Erkenntnisbegriff, der qualitativer Sozialforschung zu Grunde liegt, unterscheidet zwischen dem *alltäglichen Erkennen* (*common sense*) auf der einen Seite und dem *wissenschaftlichen Erkennen* auf der anderen Seite (Przyborski & Wohlrab-Sahr 2014: 12). Das alltägliche Erkennen bezieht sich auf das Alltagswissen und die Alltagshandlungen der Erforschten. Menschen vollziehen im Alltag ständig Handlungen, die zwar ohne Hinterfragen einfach ausgeführt werden, die aber nur gelingen, indem an zuvor angeeignetes Hintergrundwissen angeknüpft wird. Beim alltäglichen Handeln und Erkennen nehmen die Erforschten also immer Konstruktionen vor, die auf Wissen aufbauen. Schütz (1971: 68) spricht in diesem Zusammenhang von sogenannten „Konstruktionen erster Ordnung." Auch die Forschenden nehmen solche Konstruktionen beim Analyseblick auf die Erforschten vor. Sie haben wiederum ihre eigenen Kategorien und ihren Wissenshintergrund, mit denen sie sich die Aussagen und die Handlungen der Erforschten aktiv erschließen („Konstruktionen zweiter Ordnung"). Eine solche Unterscheidung trifft die quantitative Forschungslogik nicht. Im quantitativen Zugang werden die Konstruktionen erster Ordnung der Erforschten nicht berücksichtigt. Sie sind in den vorab von den Forschenden vorgenommenen Operationalisierungen bereits enthalten – in der Weise, dass für alle Menschen gleiche Konstruktionen erster Ordnung geltend gemacht werden (Przyborski & Wohlrab-Sahr 2014: 13). Diesen

Gleichsetzungsschritt macht qualitative Forschung nicht. Indem sie die Konstruktionen erster Ordnung der Forschungsteilnehmer_innen explizit zu berücksichtigen versucht, befindet sie sich dichter an der „Lebenswelt" (Schütz & Luckmann 1979: 25) der Menschen. Ein zentrales Kennzeichen der qualitativen Methodologie ist somit der explizite Fokus auf die *Perspektive der Beteiligten* (Flick 2010: 28).

Die unmittelbare Relevanz eines solchen Fokus lässt sich auch vor dem Hintergrund der in 1.2.1 gemachten theoretischen Ausführungen begründen: Der Fremde besitzt mithin eine ganz andere Sicht der Dinge – ein anderes „Relevanzsystem" (Schütz 1982, 1972: 66) – als der_die Forschende. Gerade in der Nichtberücksichtigung dieser Tatsache besteht ja das gegenseitige Übersetzungsproblem. Ein Relevanzsystem ist semantisch-indexikal aufgebaut: Äußerungen stehen immer in einem jeweils spezifischen inneren Verweisungszusammenhang. Das Relevanzsystem der Geflüchteten kann daher gerade nicht mit dem des Forschenden gleichgesetzt werden. Es wird grundlagentheoretisch von einer Differenz zwischen beiden und eben jener Eigenlogik ausgegangen. Das Ziel dieser Arbeit ist daher die rekonstruktive Analyse der Relevanzsysteme der Geflüchteten. Ensprechend wird qualitative Forschung oft synonym als *rekonstruktive Forschung* bezeichnet (Przyborski & Wohlrab-Sahr 2014: 13). *Methodisch kontrolliertes Fremdverstehen* bedeutet in diesem Zusammenhang:

> Bedingungen dafür zu schaffen, dass die Erforschten ihre Relevanzsysteme formal und inhaltlich eigenständig entfalten können. Die einzelnen Äußerungen werden erst … innerhalb der Selbstreferentialität der gewählten Einheit interpretierbar. Der Prozess des Fremdverstehens ist insofern methodisch kontrolliert, als der Differenz zwischen den Interpretationsrahmen der Forscher und denjenigen der Erforschten systematisch Rechnung getragen wird. (Przyborski & Wohlrab-Sahr 2014: 13)

Der Anspruch dieser Arbeit besteht demnach darin, die für sich stehende Perspektive der Geflüchteten so transparent und nachvollziehbar wie möglich zu machen. Da qualitative Sozialforschung darauf abzielt, Menschen in ihrer eigenen Logik für sich sprechen zu lassen, wird mit dieser methodologischen Positionierung Paternalismus im Forschungsprozess sehr grundsätzlich reflektiert und ihm entgegengewirkt. Mit im Vorhinein definierten Konstrukten und Bewertungssystemen, Erfahrungen Geflüchteter zu erfassen, die dazu aber mitunter gar nicht richtig „geeicht" sind, birgt immer die Gefahr, persönliche Themen und subjektive Bedeutungen der Geflüchteten zu übersehen. Dies ist nicht der Fall, wenn auf grundsätzliche Art reflektiert wird, dass hier in eine fremde Lebenswelt eingetaucht wird, deren eigene Logik sich erst nach und nach – retrospektiv – erschließt.[3] Dieser – qualitativer Sozialforschung immanente – Fokus auf die Perspektive der Beteiligten (Flick 2010: 28) war letztlich der ausschlaggebende Punkt, dieses Wissenschaftsverständnis für die eigenen Studie zu präferieren. Der partizipative Grundsatz des Forschens *mit* und nicht *über* Geflüchtete konnte so schon qua methodologischer Grundsatzentscheidung in der Studie verankert werden.

2.1.3 Qualitätsstandards & Gütekriterien

Diskussionen um die Beurteilung der Qualität und Güte von qualitativer Sozialforschung differenzieren sich immer weiter aus (Flick 2010: 485; Przyborski & Wohlrab-Sahr 2014: 401; Steineke 2015). Steineke (2015: 322) formuliert konkrete „Gütekriterien, die den wissenschaftstheoretischen und methodologischen Ausgangspunkten Rechnung tragen." *Reflektierte Subjektivität* ist eines dieser zentralen Kriterien: Letztlich tragen Forschende immer ihre eigenen Erwartungen mit in die Untersuchung hinein und blicken aus ihrem je spezifischen Zentrum auf die Forschungsteilnehmer_innen. Im vorliegenden Fall ist die eigene Position – wie so oft – als westlich, Weiß,[4] männlich und sozial privilegiert zu beschreiben und muss mit Vorlage der Ergebnisse der Studie eingehend diskutiert werden. Eine den gesamten Forschungsprozess begleitende Selbstreflexivität ist ein zentraler Ausweis der Güte von qualitativen Studien (Flick 2010: 29). In der Durchführung und Aufbereitung der Studie ist weiterhin auf die *intersubjektive Nachvollziehbarkeit* zu achten. Der Forschungsprozess sollte so genau, wie möglich dokumentiert und die jeweils getroffenen Entscheidungen und Probleme für die Lesenden nachvollziehbar gemacht werden (Steineke 2015: 324). Dabei sollten insbesondere methodische Entscheidungen eingehend begründet werden, worauf der aus der Medizin entlehnte Begriff der *Indikation* abzielt (Steineke 2015: 326). Hiermit ist die

---

[3]Abgesehen von der Paternalismusproblematik ist auch die Frage, von welcher Qualität die Erkenntnisse im Fall eines hypothesentestenden Vorgehens sein können – bezieht man auch insbesondere den Mangel verdichteter theoretischer Hinweise und die eigene Lebensferne zum Forschungsfeld mit ein. Aus der Lage eines durch deutschen Pass privilegierten Menschens scheint es sehr schwer, im Voraus zu spezifischen Aussagen und Thesen darüber kommen, was es bedeuten muss, ein Leben nach erfolgter Flucht zu führen. Diese existenziellen Fragen haben mich schließlich nie persönlich tangiert.

[4]Die Begriffe *Weiß* und *Schwarz* werden in dieser Studie großgeschrieben und stehen ohne Anführungszeichen. Diese Schreibweise ist angelehnt an die positiv akzentuierte Selbstbezeichnung negativ von Rassismus betroffener Menschen. Sie wird von der American Psychology Association (2015: 75) angeraten, um einen *racial bias* möglichst zu reduzieren.

Angemessenheit und Passung des Vorgehens gemeint. Ist ein qualitatives Vorgehen dem Erkenntnisinteresse überhaupt angemessen? Sind die jeweiligen Methoden, ist die gewählte Stichprobe geeignet, um die Fragestellung erfolgreich zu bearbeiten? Diese Fragen gilt es für die Erfüllung des Kriteriums der Indikation beantworten zu können.

Bei der Ergebnispräsentation ist zu aller erst auf deren *empirische Verankerung* zu achten (Steineke 2015: 328). Die sich vollziehende Theoriebildung muss in den Daten gründen, um die Möglichkeit der Entdeckung neuer Zusammenhänge gewährleisten zu können. Dies meint jedoch nicht, auf externe Theorie bei der Ergebnisinterpretation zu verzichten. Im Sinne einer *theoretischen Sensitivität* ist es im Gegenteil erforderlich, Daten in theoretischen Begriffen reflektieren zu können (Strauss & Corbin 1996: 27). Alle Vorgänge der Theoriebildung müssen jedoch ihren Ausgang im empirischen Material finden. Bei der Diskussion der Ergebnisse müssen außerdem *Limitierungen* zum Geltungsbereich der Studie deutlich gemacht werden (Steineke 2015: 329). Innerhalb des Samples angewandte Fallkontrastierungen können in diesem Zusammenhang genauso helfen, die Generalisierbarkeit der Ergebnisse zu erhöhen, wie die Frage nach der *Kohärenz*: Sind die Ergebnisse in sich konsistent? Ein abschließendes Kriterium zur Beurteilung der Studie ist die *Relevanz* der eigenen Fragestellung für die Praxis und für die Emanzipation der Befragten (Steineke 2015: 330).

2.2   Datenerhebung

2.2.1   Vorlauf

Feldzugang
Die empirische Umsetzung der Fragestellung erfolgte als Feldforschung innerhalb des Sozialraums des Geflüchtetenwohnheims. Die erste Herausforderung war, Zutritt zu diesem nicht leicht zugänglichen sozialen Feld zu bekommen.[5] Den Feldzugang verschafft sich der_die Feldforscher_in immer über sogenannte *Gatekeeper* (Burgess 1991). Gatekeeper sind Mittlerfiguren, die der_dem Forschenden im wahrsten Sinne des Wortes die Tür zum Feld öffnen. Sie vermitteln den Kontakt zwischen Teilnehmer_innen des Feldes und den Forschenden. Gatekeeper

---

[5]Dies war im vorliegenden Fall nicht einfach, da das Geflüchtetenheim kein öffentlicher Raum ist. Die Heimleitung kontrolliert, wer ein- und ausgeht. Ich musste mich daher als ehrenamtlicher Helfer unter Vorlage eines polizeilichen Führungszeugnisses ausweisen.

sind „einzelne Personen, die im Feld eine herausgehobene Position innehaben"
(Thomas 2010a: 469). Sie verfügen sowohl über einen guten Überblick über das
Feld als Ganzes, als auch ihr Wort bei den Feldteilnehmer_innen großes Gewicht
besitzt. So signalisiert das Vertrauen der Gatekeeper gegenüber der_dem Forschenden den Feldteilnehmer_innen, das dem Vorhaben der_des Forschenden als
Person zu trauen ist, was letztlich den entscheidenden Punkt darstellt: „If I was all
right, then my project was all right; if I was no good, then no amount of explana-
tion could convince them that the book was a good idea" (Whyte 1981: 300). Als
Gatekeeper fungierte Refugees Emancipation. Sie verfügen als etablierte Anlauf-
stelle, die zeitgleich Schutz- und Empowermentraum (*safe-space*) für Geflüchtete
darstellt, über einen exzellenten Überblick der – aufgrund von regelmäßig neu
ankommenden und wieder abgeschobenen Menschen – fluktuierenden Situation
der Geflüchteten in Potsdam. Insbesondere besteht eine gute Vernetzung mit Menschen, die aus afrikanischen Ländern nach Deutschland gekommen sind, was an
der eigenen Fluchtgeschichte der Gründungsmitglieder aus afrikanischen Ländern
liegt. Da ich mich über die Hilfe beim Hausaufgabenprojekt von Refugees Emancipation (1.1) hinaus mit ihren gesellschaftspolitischen Anliegen solidarisierte,
besteht zu drei Menschen von ihnen ein engerer und dauerhafter Kontakt. Sie
begleiteten meine Studie von Beginn an und vermittelten die ersten Kontakte zwischen mir und den Interviewpartern_innen.

Teilnehmende Beobachtung
Mit der Erhebung von Interviewmaterial wurde nicht unmittelbar nach Etablierung des Feldzugangs begonnen. Es folgte vielmehr zunächst eine mehr als halb-
jährige Vorlaufphase, die weitgehend mit der einer *teilnehmenden Beobachtung*
(Thomas 2010a: 467) vergleichbar ist. Im weiteren Sinne kann die teilnehmende
Beobachtung auch bereits als qualitative Methode verstanden werden (Reiners
2010: 92). Im Rahmen dessen gewann ich erste Einblicke über die Hausaufgabenhilfe und führte Gespräche mit verschiedenen geflüchten Menschen im Feld.
Oft blieb ich im Anschluss an die Hausaufgabenhilfe weiter vor Ort, führte Steg-
reifinterivews in den Räumlichkeiten von Refugees Emancipation, lernte Menschen und Abläufe im Heim kennen. Teils luden mich die Geflüchteten auch auf
ihr Zimmer ein, wir aßen zusammen, guckten gemeinsam Fernsehen oder spielten auf dem Gelände Fußball. So erschloss sich mir sukzessive das soziale Feld,
d.h. ich bekam zunehmend ein Gespür für die Logik und den Rhythmus, dem der
Alltag hier folgte. Gleichzeitig galt es der Gefahr eines zu großen Distanzverlus-
tes entgegenzusteuern und die Position des wissenschaftlichen Beobachters zu
wahren. Die Vielzahl an Eindrücken versuchte ich, schriftlich festzuhalten und in
Feldnotizen (Emerson, Fretz & Shaw 1995) zu strukturieren.

Diese Phase diente also dazu, erste Erkenntnisse über das Feld und seine Teilnehmer_innen zu sammeln, Vertrauen zu diesen aufzubauen und die Forschungsfragestellung abzustimmen. Auch wurden in diesem Zusammenhang Reflexionen über ein angebrachtes methodisches Vorgehen angestellt. Bei den Refugees, so meine abschließende Überlegung, handelt es sich gerade nicht um ein sogenanntes *convenience sample*.[6] Ihre Bereitschaft, an einer wissenschaftlichen Studie teilzunehmen, kann nicht einfach vorausgesetzt werden. Vielmehr wäre eine Untersuchung nur über das Vertrauen der Teilnehmer_innen des Feldes zu realisieren. Die Aufgeschlossenheit gegenüber den eingesetzten Methoden und der potientielle Erkenntnisertrag wurden wie folgt antizipiert: Der Versuch, eigene Vorannahmen und mediale Schlagworte außen vor zu lassen, um die persönliche Geschichten der Menschen zu hören, stieß immer auf das meiste Zutrauen. Wenn es gelang, möglichst natürlich und auf Augenhöhe mit den Geflüchteten ins Gespräch zu kommen, wären daher die interessantesten Einblicke zu gewinnen. Es wurde deshalb eine Erhebungsmethode ausgewählt, die von der Idee eines solch natürlichen Gespräch inspiriert ist.

2.2.2 Erhebungsmethode: Das problemzentrierte Interview

Das *problemzentrierte Interview* (PZI) nach Witzel (1982, 1985, 2000) stammt aus der Gruppe der leitfadengestützten Einzelinterviews. Einzelinterviews wurden Gruppeninterviews gegenüber vorgezogen, denn sie boten die Möglichkeit, auf individuelle Themen der Geflüchteten ausführlich einzugehen, während Gesprächsanteile in Gruppensituationen oft nicht gleich verteilt werden können. Es war des Weiteren davon auszugehen, dass die Geflüchteten auch vermehrt von sie belastenden Erfahrungen berichten würden. Daher erschien die Schaffung eines persönlich-vertraulichen Einzelsettings besonders wichtig. Zudem konnte die Sprache des Interviews somit immer der_dem Interviewpartner_in individuell angepasst werden und zwar auf ihren_seinen Wunsch hin.[7]

Eine gewisse Herausforderung stellte es dar, eine Einzelinterviewmethode zu finden, die zwei zentralen Ansprüchen genügte: Zum einen, Bedingungen für die freie Entfaltung von Relevanzstrukturen zu schaffen, was ein vollständig standardisiertes

---

[6]Ein convenience sample ist eine leicht zugängliche und verfügbare Gruppe. Im Bereich der quantiativen Forschung wird z.B. oft auf Studierende der Hochschule zurück gegriffen.

[7]Auf dem Niveau, ein wissenschaftliches Interview führen zu können, beherrschte ich Deutsch und Englisch.

Vorgehen nicht erlaubt hätte, auf der anderen Seite aber auch ein gezieltes Gespräch im Hinblick auf die Fragestellung rund um die Exklusionsthematik zu fördern. Naheliegende Ausschweifungen über die Umstände der Flucht und die Zustände im Heimatland standen beispielsweise nicht im Zentrum der Fragestellung und sollten daher nach Möglichkeit vermieden werden. Konzeptionell bot das problemzentrierte Interview hier einen Mittelweg zwischen offen-narrativem und standardisiertem Interview an. Es fokussiert auf subjektive Sichtweisen, aber nicht auf ausschweifend biografische Erzählungen. Durch die Stützung auf einen Leitfaden konnte nicht nur theoretisches Vorwissen effektiv genutzt werden. Der Leitfaden ermöglicht auch eine ausreichende inhaltliche Steuerung und Kontrollierbarkeit von Seiten des Interviewers, was ein im Sinne der Fragestellung relevantes Gespräch absichern sollte. Im Rahmen der Forschungsfragestellung ermöglicht das problemzentrierte Interview auf der anderen Seite aber auch einen Gesprächsverlauf, der sich entlang der Perspektiven und eigenen Themen der Geflüchteten entspinnen konnte. Die „möglichst unvoreingenommene Erfassung individueller Handlungen sowie subjektiver Wahrnehmungen und Verarbeitungsweisen gesellschaftlicher Realität" (Witzel 2000) steht im Vordergrund. Der Prämisse, Bedingungen für die freie Entfaltung der Relevanzstrukturen der Erforschten zu schaffen, konnte mit der Wahl problemzentrierter Einzelinterviews gut entsprochen werden.

2.2.3 Instrumente

Interviewleitfaden

Die Forschungsfragestellung wurde gemäß der methodischen Prämissen, die Witzel (2000) für das problemzentrierte Interview postuliert, in einen Leitfaden umgesetzt (Anhang1).[8] Dieser gliedert sich in Gesprächseinstieg, Hauptteil und Gesprächsabschluss. Im Gesprächseinstieg wurde durch eine offen gehaltene Einstiegsfrage das allgemeine Thema des Interviews abgesteckt und dem Interviewten ein breiter Antwortrahmen geboten. Anknüpfend an das Gesagte der Interviewten wurde in einen anhand einzelner Themenblöcke strukturierten Hauptteil übergeleitet. Diese waren so aufgebaut, dass – wie im Gesprächseinstieg – jeweils eine offen gehaltene erzählgenerierende Einstiegsfrage den Themenblock eröffnete. Die Einstiegsfrage sollte die Interviewten dazu einladen, möglichst umfänglich zu antworten. Auf das Eingangsstatement folgten Nachfragen des

---

[8]Die gesammelten Anhänge sind als Zusatzmaterial unter www.springer.com auf der Produktseite dieses Buches frei verfügbar.

Interviewers, die das Gesagte ausschöpfen sollten. Solche Nachfragen konnten entweder dazu auffordern, Gesagtes noch einmal genauer auszuführen (*allgemeine Sondierung*) oder aber durch einfache Spiegelungen, Verständnisfragen (*spezifische Sondierungen*) sowie exmanente Fragen (*ad hoc Fragen*) das Gespräch fortzusetzen (Witzel 2000). Eine solche trichterförmige Grundstruktur sollte die Orientierung an den Relevanzstrukturen der interviewten Menschen sicherstellen. Der Charakter des natürlichen Gesprächs wurde dadurch gewahrt, dass die Reihenfolge der einzelnen Themenblöcke des Leitfadens nicht standardisiert vorgegeben, sondern je nach Gesprächsverlauf ausgetauscht werden konnte. Eine „Leitfadenbürokratie" (Hopf 1978: 101) in der Interviewdurchführung sollte vermieden werden. Hingegen war vom Interviewer ein aktives Zuhören während des gesamten Gesprächs und die Einhaltung der zentralen Orientierungsprinzipien von *Offenheit, Spezifität, Kontextualität* und *Relevanz* gefordert (Przyborski & Wohlrab-Sahr 2014: 127).[9] Nur so ließ sich reichhaltiges Interviewmaterial generieren, welches später auch interpretativ ausgewertet und nicht bloß klassifiziert werden konnte. Zum Gesprächsabschluss wurden noch offene Fragen geklärt sowie auch konfrontative Fragen und solche, die die Interviewten zu einer expliziten Stellungnahme provozieren konnten, gestellt. Die Gespräche endeten mit einer Gesamteinschätzung durch die Interviewten.

Für die inhaltliche Bestimmung der Themenblöcke im Leitfaden wurde die Forschungsfrage in verschiedene Unterfragestellungen und Themenkomplexe ausdifferenziert. Das Grundgerüst bildeten hier die theoretischen Vorüberlegungen zu Dimensionen von Exklusion: Soziale Exklusion, räumliche Exklusion, finanzielle Exklusion, institutionelle Exklusion, kulturelle Exklusion und Exklusion am Arbeitsmarkt (Kronauer 1997). Aber auch die Erfahrungen aus der Phase der teilnehmenden Beobachtung flossen hier mit ein. Die „kontrollierte Offenheit" des problemzentrierten Interviews schützte davor, zentrale Themen der Geflüchteten zu übersehen, sondern erlaubte es vielmehr, solche fortlaufend zu ergänzen. Nach jedem Interview wurde der Leitfaden im Sinne des zirkulären Forschungsprozesses (2.1.1) kritisch überprüft und insbesondere während der ersten Interviews im Detail nachjustiert. In diesem Zusammenhang wurde der

---

[9]*Offenheit* meint eine Reflexion des eigenen Vorwissens, um es im Interview zurückhalten zu können und offen für Unerwartetes zu bleiben. *Spezifität* kann durch Nachfragen, die auf das Gesagte eingehen, erreicht werden. Es gilt, die_den Interviewte_n zur Explikation aufzufordern. Mit *Kontextualität* ist gemeint, dass die Situation, persönliche Kontexte und Begebenheiten, in denen Erfahrungen für die_den Interviewte_n Bedeutung erlangen, abgedeckt werden. Die Interviewinhalte sollten *Relevanz* für die Fragestellung, aber insbesondere auch für die Geflüchteten selbst besitzen (Przyborski & Wohlrab-Sahr 2014: 127).

Themenkomplex *Erfahrung von Rassismus* ergänzt, da dieser eine übergeordnete Rolle für nahezu alle Geflüchteten spielte.[10]

Kurzfragebogen

Kombiniert wurde der Leitfaden mit einem Kurzfragebogen (Anhang2). Er wurde mündlich im Anschluss an das Interview erhoben und diente primär dazu, demografische Daten des Samples zu erfassen. Im Kontext der vorliegenden Forschungsfrage (1.3) erschienen insbesondere die Länge des Aufenthalts in Deutschland und der Stand des Asylverfahrens relevant. Diese Daten waren außerdem für das strategische Vorgehen bei der Stichprobenauswahl erforderlich.

2.2.4 Stichprobe

In der qualitativen Sozialforschung erfolgt die Stichprobenauswahl nicht nach Maßgabe der Repräsentativität, sondern nach der von inhaltlicher Relevanz. Die Stichprobenauswahl liegt nicht a priori fest, sondern folgt vielmehr Reflexionen, die den gesamten Forschungsprozess begleiten. Wie in *Abbildung 2.1* (2.1.1) bereits dargestellt, bedeutet Zirkularität im Forschungsprozesses, dass sich das Sample schrittweise zusammensetzt und erst mit dem Ende der Erhebung endgültig feststeht. Das der Grounded Theory (Glaser & Strauss 1998; Strauss & Corbin 1996) entlehnte Konzept des *theoretical Sampling* bietet eine entsprechende Konzeptionalisierung dieser Schritte. Es ist ein

> Verfahren, bei dem sich der Forscher auf einer analytischen Basis entscheidet, welche Daten als nächstes zu erheben sind und wo er diese finden kann. Die grundlegende Frage beim Theoretical Sampling lautet: Welchen Gruppen oder Untergruppen von Populationen, Ereignissen, Handlung ... wendet man sich bei der Datenerhebung als nächstes zu? Und welche theoretische Absicht steckt dahinter? (Strauss 1991: 70)

Es musste demzufolge jedes Interview nach Abschluss inhaltlich gesichtet und auf Relevanz hinsichtlich der Fragestellung geprüft werden. Darauf aufbauend waren Überlegungen hinsichtlich der Auswahl der nächsten Interviewpartner_innen anzustellen. Gemäß des theoretical Samplings wurde zunächst nach *minimalen Kontrasten* in den Merkmalen der Interviewpartner_innen gesucht und zum Ende

---

[10]Zwar kann Rassismus zunächst auch im weitesten Sinne als soziale Exklusion aufgefasst werden, da dieses Thema jedoch so gehäuft auftrat und eine ganz eigene Qualität in Anspruch zu nehmen schien, wurde ein eigenständiger Themenkomplex aufgemacht.

der Datenerhebung *maximale Kontraste* herangezogen, um eine *theoretische Sätti-gung* des Materials zu erreichen (Glaser & Strauss 1998: 69).[11] Die Stichprobe spitzte sich mit diesem Vorgehen auf eine Gruppe von insgesamt 6 jungen geflüch-teten Männern aus Kamerun im Asylanerkennungsverfahren zu, deren Lebensbe-dingungen in folgenden Punkten strukturell vergleichbar erschienen: Alle waren aufgrund ihrer Herkunft potentiell von Rassismus in Deutschland betroffen; alle standen vor der Herausforderung, aus vergleichbaren kulturellen Vorprägungen heraus ein neues Leben in Deutschland zu beginnen; für alle war die Bedrohung der Verwehrung von Asyl real; alle waren mit gesellschaftlichen Privilegien und Herausforderungen konfrontiert, die an Männlichkeit geknüpft sind.[12] Eine Über-sicht der demografischen Daten dieser Stichprobe liefert die *Tabelle 2.1*.

---

[11]Zunächst führte ich ein Interview mit einem jungen Mann aus Kamerun, der bereits seit einem Jahr in Deutschland war. Seine Erfahrungen waren vor allem von Dynamiken sozia-ler Exklusion, Rassismus und seiner unsicheren Bleibeperspektive geprägt. Er hatte in diesem Zusammenhang auch mit starken psychischen Belastungen zu kämpfen. Ich suchte daraufhin nach einem Fall, der aufgrund vergleichbarer struktureller Merkmale (minimaler Kontraste) womöglich auch diese Themen zur Sprache bringen könnte, um herauszufinden, ob dieser ähnliche Erfahrungen machen musste oder womöglich solche Herausforderungen ganz anders adressierte. Als ich nach weiteren Interviews weniger neue Erkenntnisse pro neuem Fall gewinnen konnte, suchte ich gezielt nach Menschen, die entweder unmittelbar nach der Flucht standen oder aber schon sehr lange in Deutschland waren und deutlich älter waren. Maximale Kontraste zu den bisherigen Fällen wurden also bewusst herangezogen, um noch einmal neue Impulse zu erhalten. Konzeptionell bedeutet die Erreichung einer theo-retischen Sättigung, dieses Vorgehen so lange zu führen, bis an neuen Fällen keine neuen Aspekte mehr gewonnen, bis „keine zusätzlichen Daten mehr gefunden werden können, mit deren Hilfe … weitere Eigenschaften der Kategorien" entwickelt werden können (Glaser & Strauss 1998: 69). Dies ist ein idealtypischer Zustand, der in der Praxis selten komplett erfüllt werden kann (Rosenthal 2005: 87). Dennoch stellte sich das Gefühl einer zunehmen-den Verdichtung der Erkenntnisse bei gleichzeitig absoluter Bandbreite unterschiedlicher Aspekte ein, wodurch ich das Kriterium der theoretischen Sättigung für erfüllt ansah.

[12]Es wurde auch eine Frau aus Nigeria und ein Mann aus Somalia interviewt, die jedoch in mehrfacher Hinsicht aus dieser homogenen 6-er Gruppe herausfielen. Die kulturel-len Kontexte, aus denen die Frau stammte und ihre gegenwärtigen Herausforderungen als geflüchtete Frau in Deutschland, ließen sich kaum mit denen der anderen vergleichen. Der Mann aus Somalia hatte gravierende Misshandlungserfahrungen auf der Flucht machen müssen. Entsprechend „überstrahlte" die schiere Erleichterung, endlich an einem sicheren Ort in Deutschland zu sein, das gesamte Interview. Dies verunmöglichte jedoch auch ein Gespräch im Hinblick auf meine Forschungsfrage. Wie unmittelbar nachvollziehbar, konnte er seine Erfahrungen in Deutschland nicht über diese Erleichterung hinaus differenzieren. Beide Fälle schärften meinen Blick auf die Stichprobe und lieferten durchaus Erkenntnisse für das weitere Vorgehen, wurden jedoch nicht direkt in die Auswertung mit einbezogen.

Tab. 2.1 Demografische Daten

n	Name[a]	Alter	In D seit	Erlernter Beruf	Familien-status	Herkunft	Asyl-verfahren	Unter-bringung	Sprachen	Sozio-ökonom. Status
1	Paul	22	1 Jahr	Student	Ledig	Kamerun	Duldung	Wohnheim (dezentral)	Französisch Englisch Deutsch	Arbeitslos
2	Joel	26	1 Jahr, 1 Monat	Student	Ledig	Kamerun	Gestattung	Wohnheim (ländliche Peripherie)	Französisch Englisch	Arbeitslos
3	Samuel	30	2 Monate	Maler	Verheiratet (2 Kinder)	Kamerun	Gestattung	Wohnheim (dezentral)	Französisch Englisch	Arbeitslos
4	Patrick	30	1 Jahr, 5 Monate	Fliesenleger	Ledig	Kamerun	Gestattung	Wohnheim (zentral)	Französisch Englisch Deutsch	Unbezahltes Praktikum
5	Carl	25	2 Monate	Mechaniker	Ledig	Kamerun	Dublin-Verfahren	Wohnheim (zentral)	Französisch Englisch	Arbeitslos
6	Jacques	36	3 Monate	Klempner	Ledig	Kamerun	Dublin-Verfahren	Wohnheim (ländliche Peripherie)	Französisch Englisch Deutsch	Arbeitslos

[a]Alle Namen sind im Zuge der Anonymisierung der Daten geändert. Hier verwendete Vornamen sind getreu dem Zufall Fußballspielern der Nationalmannschaft Kameruns entnommen.

2.2.5 Verlauf der Datenerhebung

Mit den Geflüchteten, deren Kontakte in der Regel über Refugees Emancipation vermittelt wurden, wurde mündlich ein Interviewtermin vereinbart. Nur in wenigen Fällen hatte ich selbst die Kontaktdaten ausgetauscht und die Menschen direkt kontaktiert. Die Wahl der Räumlichkeiten und auch die Wahl des Termins überließ ich bewusst den Interviewten. Ich wollte ihnen damit eine möglichst angenehme, vertraute Athmosphäre ermöglichen und ihnen – im Sinne des

Paternalismusabbaus – größtmögliche Selbstbestimmung zusichern.[13] So fand der Großteil der Interviews direkt in den Räumlichkeiten des Internetcafés von Refugees Emancipation im Geflüchtetenheim statt (4), eines auf Wunsch des Geflüchteten auf dessen Zimmer und ein anderes in einem an das Heim angrenzenden Café. Am Tag des Interviews kam es zunächst zu einem unverbindlichen Vorgespräch, um die Gesprächsatmosphäre zu lockern. Ich stellte mich und mein Projekt kurz vor und gab Infos über Ablauf und Zweck der Interviews. Ich klärte ausführlich über die Verwendung der Interviewdaten, die Tonaufzeichnung und ihren Anspruch auf Datenschutz auf und wies auf die vollständige Anonymisierung der Daten hin. Dafür schloss ich eine schriftliche Vereinbarung mit allen Interviewten (Anhang3). Zur Gewöhnung stellte ich die Aufnahme bereits in diesem Vorgespräch an. Ich verwendete eine Sprachaufnahmesoftware meines Mobilfunkgerätes, welches ich lediglich auf den Tisch legen musste, was „Harmlosigkeit" suggerierte und dem Ansinnen nach natürlicher Gesprächsatmosphäre und der Senkung möglicher Hemmschwellen entgegenkam. Ich verdeutlichte, dass es mir um ihre ganz persönlichen Sichtweisen und Erfahrungen ging und gab noch einmal Gelegenheit, alle offen gebliebenen Fragen zu klären. Danach begann das Interview.

Die Interviews dauerten im Schnitt 54 Minuten und 31 Sekunden (54:31), wobei die Zeit kein verbindliches Kriterium darstellte.[14] Die Abhandlung aller für die Fragestellung relevanten Punkte war entscheidend. Ein Interview wurde jeweils dann beendet, wenn alle Fragekomplexe des Leitfadens abgehandelt worden waren und die Befragten auch auf Nachfrage keine weiteren Beiträge mehr machen wollten. Im Sinne des natürlichen Gesprächs sollte das Interview auch nicht künstlich in die Länge gezogen werden. Die Umsetzung des Fragebogens gelang insgesamt gut. Anfangs brauchte es jedoch eine gewisse Gewöhnung, insbesondere die Offenheit zu gewährleisten, die das problemzentrierte Interview kennzeichnet. Eine Herausforderung bestand zum Beispiel darin, auch längere Pausen auszuhalten, in denen der Interviewte sich womöglich lediglich sammelte, um einen weiteren Gedanken zu formulieren. Es war nicht gleich zur nächsten Frage überzuleiten, sondern es galt, ein Gespür dafür zu entwickeln, wann ein Themenkomplex tatsächlich ausgeschöpft war. Nach jedem Interview wurde das

---

[13]Nicht zuletzt spielt das Konzept des eigenen Raums eine zentrale Rolle in der Empowermentpraxis von Refugees Emancipation.

[14]Dass Inteviewzeiten auch stärker variieren konnten, war im Sinne der qualitativen Ausrichtung der Studie, innerhalb der kein Interview dem anderen gleicht. Die Interviews im Einzelnen: Paul: 42:00; Joel: 40:30; Ismael: 41:58; Patrick: 1:01:35; Carl: 1:01:51; Jacques: 1:19:16.

eigene Verhalten rund um die Handhabung des Leitfadens reflektiert. Alle Interviews verliefen störungsfrei in dem Sinne, dass der Gesprächsverlauf sich frei entfalten konnte und nicht durch äußere Einflüsse gestört wurde. Nach den Interviews wurde gemeinsam der Fragebogen ausgefüllt. Ich stand für Rückfragen zur Verfügung, und teils kam es zu längeren inhaltlichen Nachgesprächen. In diesen wollten die Geflüchteten – teils motiviert und ermutigt durch die Tiefe und Vertraulichkeit, die sich während des Interviews eingestellt hatte – auch über Fluchtursachen, die Situation im Heimatland und die oft riskantlebensbedrohliche Flucht berichten. Dies bestätigte meinen generellen Eindruck, dass viele Geflüchtete für die Interviews dankbar waren und die Chance und Möglichkeit schätzten, dass sie ihre Sicht der Dinge ausführlich schildern konnten und ihnen dabei aktiv und nicht bewertend zugehört wurde. Dies zeigte sich insbesondere an der paradoxen Situation, dass alle Geflüchteten sich bei mir für die Gelegenheit des Interviews ausdrücklich und herzlich bedankten. Dabei war vielmehr ich es, der ihnen zu Dank verpflichtet war. Zum Ende der Treffen bat ich sie, mir weitere potentielle Interessierte für ein Interview zu nennen.[15]

Nach den Treffen sicherte ich die Daten, speicherte sie unzugänglich auf einem externen Medium und löschte die Aufnahme vom Aufnahmegerät. Ich schrieb ein Erinnerungsprotokoll des Treffens, in das ich die „frischen" Eindrücke und Bemerkenswertes stichpunktartig festhielt. Es folgte eine inhaltliche Sichtung der Interviews, um daraus Schlüsse für die Auswahl nächster Interviewpartner_innen zu ziehen. Ich ging erneut auf Refugees Emancipation oder die mir direkt empfohlenen Interviewpartner_innen zu und vereinbarte den nächsten Termin.

2.3 Datenauswertung

2.3.1 Materialaufbereitung: Transkription

Bevor mit der Auswertung im engeren Sinne begonnen werden konnte, mussten die Audioaufnahmen mittels Transkription in Textform aufbereitet werden, sodass sie danach mit einer qualitativen Auswertungsmethode gezielt analysiert werden konnten. Nach Dresing & Pehl (2010: 727) ist die Transkription aber „bereits Teil des Verstehensprozesses und damit Teil der Analyse und Auswertung," worauf

---

[15]Hier wurde dem theoretical Sampling Teile des *Snowball-Samplings* hinzugefügt, welches hilft, das Feld weiter zu erschließen und eine bewährte Ergänzung zum theoretical Sampling darstellt (Przyborski & Wohlrab-Sahr 2014: 148).

Ochs (1979: 44) bereits seit längerem hingewiesen hat. Daher wird sie hier mit zur Datenauswertung gezählt.

Die Dauer der Audioaufnahmen der 6 Interviews betrug 5 Stunden 27 Minuten und 10 Sekunden (5:27:10). Dieser Umfang wurde mit Hilfe des Programms *f5transkript* (Dresing & Pehl 2015) transkribiert. Es wurde wörtlich in Anlehnung an das System von Kuckartz, Dresing, Rädiker & Stefer (2008: 24) transkribiert, welches auf die Inhalte des Gesprochenen fokussiert. Dieses System bot einen hohen Nutzen für und eine gute Kompatibilität mit der Auswertungsmethode (2.3.2) an. Obschon es für die Art der Auswertung nicht unbedingt nötig war, wurde eine Auflösung gewählt, die den Redefluss der Menschen nicht zu sehr glättete. Auch in diesem Punkt galt es, das Ziel des Paternalismusabbaus (1.1) methodisch zu reflektieren und umzusetzen. Den Transkriptionsregeln von Kuckartz et al. (2008: 24) wurden daher einzelne Erweiterungen hinzugefügt, die Dresing und Pehl (2015: 23) vorschlagen (Anhang4).

Mit der Transkription wurde bereits parallel zur Durchführung der Interviewserie begonnen, denn auf der Grundlage bereits vorliegender Transkripte ließen sich systematische Rückschlüsse für das weitere Vorgehen im Sampling besonders gut ziehen. Nach Fertigstellung aller Transkripte kontrollierte ich diese noch einmal, indem ich in einem zweiten Durchlauf Transkript und Audiodatei gegeneinander abglich.

2.3.2 Auswertungsmethode: Die qualitative Inhaltsanalyse

Die fertiggestellten Transkripte (Anhänge5–10) wurden mittels der Methode der *qualitativen Inhaltsanalyse* (QI) nach Mayring (2000, 2010, 2015) ausgewertet. Die qualitative Inhaltsanalyse ist ein fest etabliertes Auswertungsverfahren qualitativer Sozialforschung, welches vor allem in der deutschsprachigen Psychologie, aber auch in den Erziehungswissenschaften und der Soziologie zur Anwendung kommt (Mayring 2015). Es dient der systematischen Erschließung fixierter Kommunikation. Im Vergleich zu offener gehaltenen qualitativen Auswertungsmethoden kennzeichnet die qualitative Inhaltsanalyse ein hohes Maß an Systematisierung. Sie ist ein explizit *regel-* wie auch *theoriegeleitetes* Verfahren. Die systematische Anwendung von Auswertungsregeln und die Orientierung an einem allgemeinen Ablaufschema erhöht die intersubjektive Nachvollziehbarkeit der Analyse. Die qualitative Inhaltsanalyse „analysiert ihr Material unter einer theoretisch ausgewiesenen Fragestellung; die Ergebnisse werden vom jeweiligen

Theoriehintergrund her interpretiert" (Mayring 2015: 13). Beides – Regel- und Theoriegeleitetheit – wurde für die vorliegende Studie als sehr vorteilhaft betrachtet.

Für den Einsatz der qualitativen Inhaltsanalyse in dieser Studie sprachen aber mindestens noch drei weitere Gründe: (1) Gerade im Bereich der Theoriebildung leistet die qualitative Inhaltsanalyse beständig gute Ergebnisse (Mayring 2015: 22), was sie besonders für die Anwendung in dieser explorativ ausgerichteten Studie auszeichnete. (2) Die qualitative Inhaltsanalyse lässt sich insbesondere sehr gut mit dem problemzentrierten Interview kombinieren. Auch explizit in der Feldforschung mit Geflüchteten hat sich diese Methodenkombination bereits bewährt (Brandmaier 2011, 2016). (3) Die qualitative Inhaltsanalyse lässt sich auf die „Perspektive des anderen, also des Textproduzenten" (Mayring 2015: 38) hin ausrichten. So lässt sich mit ihr wie gewünscht eine „Orientierung am Alltag, an alltäglichen, unter natürlichen Bedingungen ablaufenden Prozessen des Denkens, Fühlens und Handelns" (Mayring 2015: 38) verwirklichen.

Die qualitative Inhaltsanalyse umfasst drei Grundarten: *Zusammenfassung*, *Explikation* und *Strukturierung*. Für die Studie wurde die *Zusammenfassung* und deren konkrete Analysetechnik der *induktiven Kategorienbildung* gewählt. Ziel dieser Art von Textanalyse ist die Entwicklung von bedeutungsvollen Kategorien aus dem Material zu einem zuvor theoriegeleitet bestimmten Thema. Dafür wird das Material in mehreren aufeinander folgenden Auswertungsschritten systematisch reduziert und in gehaltvollen Kategorien zusammengefasst. Es vollzieht sich dabei eine sukzessive Anhebung des Abstraktionsniveaus, ohne wie in der deduktiven Kategorienbildung auf externe Theorie zur Entwicklung der Kategorien zurückzugreifen. Vielmehr gilt es, Kategorien „in der Sprache des Materials" (Mayring 2015: 86) zu erfassen und am Ende zu einem System an Kategorien zu gelangen, welches immer noch mit konkreten Textstellen verbunden bleibt (Mayring 2015: 87).

2.3.3 Verlauf der Datenauswertung

Der in *Abbildung 2.2* dargestellte Auswertungsverlauf folgte dem allgemeinen Prozessmodell der induktiven Kategorienbildung (Mayring 2015: 86) mit kleineren Anpassungen den Bedürfnissen der eigenen Studie entsprechend.

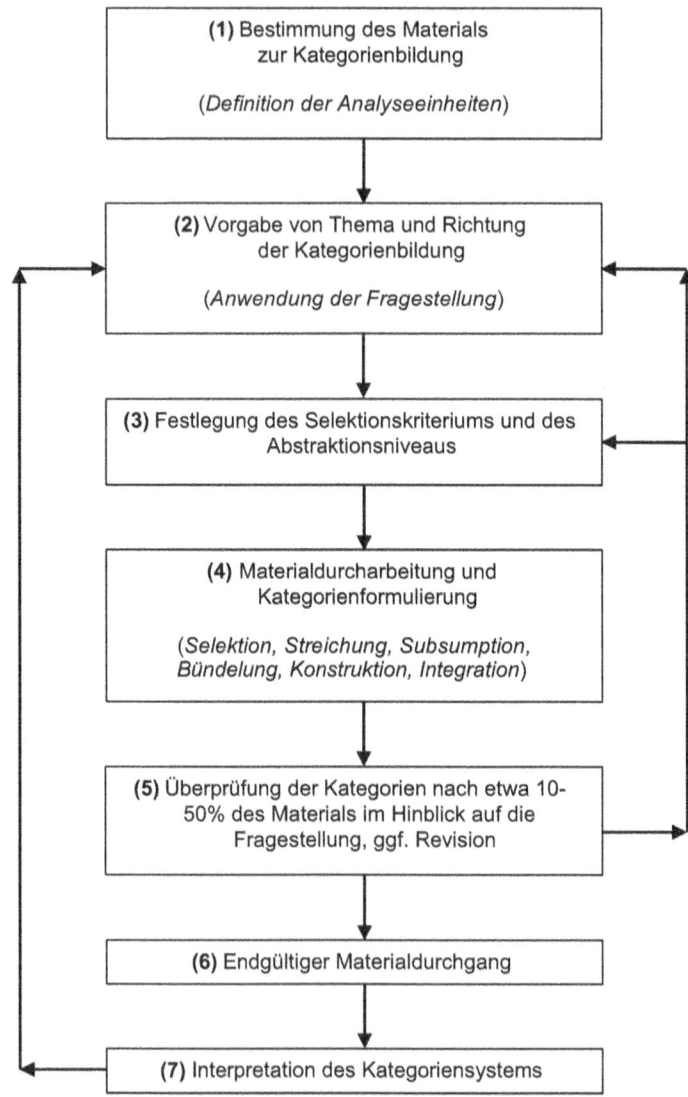

Abb. 2.2 Prozessmodell der induktiven Kategorienbildung in Anlehnung an Mayring (2015: 86)

1. Bevor mit der Kategorienbildung begonnen werden konnte, mussten die sogenannten *Analyseeinheiten* festgelegt werden. Zunächst war der Materialausschnitt zu bestimmen, der mit der qualitativen Inhaltsanalyse bearbeitet werden sollte (*Auswertungseinheit*). Dieser ergab sich aus dem in 2.2.4. festgelegten Sample: Die kompletten 6 Interviewtranskripte der geflüchteten jungen Männer aus Kamerun wurden zur Auswertungseinheit bestimmt, auf der die Kategorienbildung beruhen sollte. Als *Kodiereinheiten* galten „klare bedeutungstragende Elemente im Text" (Mayring 2015: 88) und als *Kontexteinheit*, wie Mayring (2015: 88) vorschlägt, jeweils „das ganze Interview einer Person plus zusätzliche Protokollnotizen."

2. Die Auswertungseinheit wird in der induktiven Kategorienbildung unter einer zuvor festgelegten Zielstellung bearbeitet, d.h. Kategorien werden selektiv zu einem bestimmten Thema gebildet. Damit wird „Unwesentliches, Ausschmückendes, vom Thema Abweichendes ausgeschlossen" (Mayring 2015: 87). Das *Thema der Kategorienbildung* wird theoriegeleitet bestimmt, sodass mit einer aus der Theorie abgeleiteten Fragestellung am konkreten empirischen Material weitergearbeitet und das entstandene Kategoriensystem zum Ende der Analyse wieder systematisch auf die eingangs formulierte Fragestellung bezogen werden kann. Zur Bestimmung des Themas der Kategorienbildung wurde die in 1.3 formulierte Fragestellung wieder herangezogen: Welche Exklusionserfahrungen machen geflüchtete Menschen während der Zeit ihres Ankommens – und wie schaffen sie es, sich gegen diese zu behaupten? „Eine Welche-Fragestellung deutet," so Mayring (2015: 88), „immer auf induktive Kategorienbildung hin." Das übergeordnete Thema der Kategorienbildung war demnach: Aspekte von Exklusionserfahrungen und ihr Gegenhandeln.

3. Das *Selektionskriterium* bestimmt, wann eine Textstelle zur Kodiereinheit wird – wann eine Textpassage in die Kategorienbildung miteinbezogen wird. Es wurde bewusst nicht zu eng gesetzt, vielmehr wurde antizipiert, dass die Geflüchteten in den seltensten Fällen explizit *Exklusion* als solche benennen würden.[16] Das Selektionskriterium sah ich vielmehr immer dann als erfüllt an, wenn ein Geflüchteter mittelbar oder unmittelbar über Exklusionserfahrungen sprach, die im Rahmen der Dimensionsbereiche (1.2.5) eingeordnet werden konnten.

---

[16]*Exklusion* ist ein Begriff aus der Forschungsliteratur, der eher weniger im alltäglichen Sprachgebrauch benutzt wird. Auch war es fraglich, ob die Geflüchteten die eigene Ausgrenzung stets offen thematisieren würden, da dies doch einem sehr schmerzhaften Eingeständnis gleichkommt. Die Herausforderung bestand demnach darin, solche Passagen, die sich um Exklusionsphänomene drehten, sensibilisiert durch und mithilfe des Rasters von Kronauer überhaupt zu erfassen.

Ein weiteres Selektionskriterium waren Berichte der Geflüchteten von erfahrenem Rassismus. Bevor mit der Durcharbeitung des Materials begonnen werden konnte, musste außerdem eine Einheitlichkeit hinsichtlich des *Abstraktionsniveaus* der zu formulierenden Kategorien bedacht werden. Kategorien sollten so verallgemeinert formuliert werden, dass fallspezifische Äußerungen eines Geflüchteten generell auch auf die eines anderen zutreffen konnten (Mayring 2015: 88). Auch untereinander mussten die Kategorien hinsichtlich eines einheitlichen Abstraktionsniveaus überprüft werden: Nach einer Kategorienformulierung *Nichtbeachtung in der Öffentlichkeit* machte es beispielsweise wenig Sinn, eine neue Kategorie *Erfahrung von Ignoranz durch Passant_innen* zu erstellen, da hier letztere das Abstraktionsniveau von der bereits formulierten Kategorie deutlich untersteigt.

4. Im nächsten Schritt folgte die zeilenweise Durcharbeitung des Materials. Sobald das Selektionskriterium im Material erfüllt war, wurde eine Kodiereinheit gebildet und – in Anwendung eines gleichbleibenden Abstraktionsniveaus sowie möglichst nah an der Formulierung im Text – eine Kategorie eröffnet (*Kategorienformulierung*). In die Kategorienformulierung wurden nur die inhaltstragenden Bestandteile des Textes aufgenommen (*Selektion*) und Ausschmückendes gekürzt (*Streichung*). Fiel eine nachfolgende Textstelle wieder unter das Selektionskriterium, wurde geprüft, ob diese unter einer bereits formulierten Kategorie gefasst werden konnte (*Subsumption*) oder eine neue Kategorie definiert werden musste. Überschnitten sich mit der Zeit Kategorien in ihrem Inhalt, wurde nach Möglichkeiten gesucht, diese bei Deckungsgleichheit entweder zusammenzulegen (*Bündelung)* oder aber so umzuformulieren, dass sowohl alte als auch neue Textstellen unter der Kategorie repräsentiert werden konnten (*Konstruktion/Integration*). Der gesamte Prozess der Materialdurcharbeitung und Kategorienbildung wurde in *f4analyse* durchgeführt – einem Programm, welches genau diese Makrooperationsschritte gezielt unterstützt und speziell an die Bedarfe der qualitativen Inhaltsanalyse angepasst ist (Dresing & Pehl 2015: 36).

5. Als auf die in (4) beschriebene Weise etwa ein Drittel des Materials durchgearbeitet war, wurde überprüft, ob die bis dahin formulierten Kategorien bedeutungsvoll und zielführend mit Blick auf das festgelegte Thema der Analyse waren.[17] Hierzu war die Einbindung des Projekts in eine qualitative Auswertungsgruppe in Berlin sehr hilfreich, in der Projekte, die nach induktiver

---

[17]Sollte dies nicht der Fall sein, ist eine Revision aller Kategorien und ein Neustart der Kategorienbildung mit angepasstem Selektionskriterium und Abstraktionsniveau vonnöten (Mayring 2015: 87).

Kategorienbildung vorgingen, diskutiert werden konnten. Ich präsentierte dort den bis dato erstellten Kategorienbaum mit dazugehörigen Textpassagen. In diesem Zuge ergab sich letztlich keine Revision, aber durch viele wertvolle Rückmeldungen doch eine wesentliche Umjustierung der Gliederung der bisherigen Kategorien.

6. Nach dieser Feinjustierung folgte die endgültige Materialdurcharbeitung nach dem in (4) beschriebenen Muster, sodass letztlich insgesamt 986 Kodes in den Kategorienbaum eingearbeitet waren.

7. Im letzten Schritt erfolgte die Präsentation und die Interpretation des entwickelten Kategoriensystems im Hinblick auf die eingangs formulierte Fragestellung. Der finale Kategorienbaum umfasste 5 Hauptkategorien und 23 Unterkategorien, die im Folgenden die Gliederung der Ergebnisse vorgeben.[18]

---

[18]Die Vielzahl an erarbeiteten Konzepten zu den jeweiligen Unterkategorien sind im Text kursiv gesetzt.

Ergebnisse 3

3.1 Kulturschock des Migranten

3.1.1 Soziale Irritationen

Es zeigt sich, dass die erste Zeit in Deutschland für die Geflüchteten von einer grundlegenden Orientierungslosigkeit geprägt ist. Sie müssen sich in der neuen Umgebung erst zurecht finden, was nicht ohne Erfahrungen tiefgreifender Irritationen vonstattengeht. Sie sind in der Zeit ihres Ankommens Fremde, die einen ausgeprägten *Kulturschock* durchlaufen. Wie Schütz (1972: 62) betont, steht am Anfang dabei typischerweise „die Entdeckung, dass die Dinge in einer neuen Umgebung ganz anders aussehen," was Patrick zu bestätigen weiß:

> The place, I mean all the cities when I/ where I äh look, äh everything was different from our country in Africa. Everything was very different .... The building auch, the building, too. The building for me so so very special here in Potsdam. I saw very very äh old building. We don't have that in Cameroon. (Patrick: 8–10)[1]

Allein ist dies noch eine recht neutrale Wertung, die Patrick hier vornimmt. Innerhalb der *sozialen Dimension* sind die *Irritationserfahrungen* hingegen von ganz anderer Konnotation und persönlicher Relevanz. Der Ablauf sozialer Interaktionen in Deutschland verwirrt die Menschen zutiefst. Für den Fremden sind zunächst die „Zivilisations- und Kulturmuster seiner Heimatgruppe ... das

---

[1]Alle Transkripte (Anhänge 5–10) sind mit den Namen der jeweils interviewten Person betitelt. Innerhalb der Transkripte sind die einzelnen Sprechbeiträge mit Absatznummern versehen. Das Zitieren aus den Transkripten erfolgt unter der Angabe des Titels und der jeweiligen Absatznummern.

© Springer Fachmedien Wiesbaden GmbH 2017
I. Zalewski, *Exklusionserfahrungen geflüchteter Menschen aus Kamerun*,
DOI 10.1007/978-3-658-17806-2_3

unbefragte Bezugsschema seiner ‚relativ natürlichen Weltanschauung' .... Ganz von alleine beginnt deshalb der Fremde, seine neue Umwelt im Sinn seines Denkens-wie-üblich auszulegen" (Schütz 1972: 60). Die Geflüchteten orientieren sich zunächst an dem, was sie aus Kamerun kennen: Offener sozialer Umgang untereinander, Aufeinander-Zugehen und eine gewisse soziale Neugier: „Ya, in Africa people are very curious. They wanted to know what is going on there" (Joel: 16). Hinzu kommt ein durchgängig hoher Level an sozialer Aktivität und Spontanität, wie Carl beschreibt:

> Since when I was young I have not been alone for this, I have always been with people around me. Like in Africa we are like: „Ey let's go out, ey let's go there, let's do this." But here you/ you don't see stuff like that, ya. So it's a different part of the world. (Carl: 114)

Der Kulturschock funktioniert über das Hervortreten einer starken Diskrepanz bei den Menschen zu ihren in Kamerun gemachten Erfahrungen. Die Interaktionsbereitschaft und der Interaktionsfluss, den sie hier erleben, ist bei weitem nicht so hoch, wie sie ihn aus Kamerun gewöhnt sind. Jacques berichtet:

> **B:** Here it's very different, because/ because äh/ because you see some/ you see äh someone/ ähm someone somewhere: „Hello." Good. Go. „Wie geht es dir?" „Gut gut gut gut. Gut." When you say: „Mir geht es gut und du?" „Gut. Danke." Then go. Go because/ because in Africa/ but in Africa is different. **I:** Yeah then you talk more, there is more interaction going on. **B:** Ya ya ya, we talk more. (Jacques: 186–188)

Der für Refugees postulierte soziale Fokus eines Kulturschocks, die den Schock tendenziell verstärkende Faktoren mangelnder Sprachkenntnisse und der Unvorbereitetheit (Ward et al. 2001: 221) sind außerdem im Material en détail zutreffend:

> Wenn ich nach Deutschland geflogen, die erste Überraschung: kalt. (unv.) Mir war so kalt und ich konnte nicht ertragen. Und dann der zweite Problem war die Sprache. Ich konnte nicht/ also ich konnte kein Deutsch. Ich konnte kein Deutsch, nur Hallo sagen (.) konnte ich nicht. (Paul: 10)

Was Paul hier – neben der *klimatischen Dimension* des Kulturschocks – beschreibt, gilt für alle Geflüchteten gleichermaßen: Sie sind nach Deutschland gekommen, ohne jegliche Vorkenntnisse der deutschen Sprache. Deutschland war nicht ein zuvor konkret festgelegtes Ziel der Flucht. Vielmehr galt zunächst das Motto „Hauptsache raus" – mit noch ungeplantem Ausgang wohin. Die Menschen sahen sich durch Pushfaktoren gezwungen, Kamerun zu verlassen und nicht durch

Pullfaktoren nach Deutschland hingezogen, wie Joel deutlich macht: „There is nothing that can push you out of your country WHEN you don't have a problem. You MUST have a problem before going out, ya" (94). Das Zielland Deutschland hat sich oft erst auf der Flucht konkretisiert, sie sind damit mehr oder weniger zufällig hierhin gekommen. Carl betont: „I didn't leave Cameroon to come to here .... I wanted to stay in another country" (64–66). Und Jacques stellt ebenso klar: „When I'm go from Cameroon, I know not where. I know äh everywhere I go. Everywhere I go" (70). Daher konnten aber auch keine konkreten vorbereitenden Maßnahmen für die Zeit in Deutschland getroffen werden. Sie wussten schlicht nicht genau, was sie erwartet: „I don't know we what know. Maybe it's good. Maybe it's good. Maybe it's not good, ya" (Jacques: 70).

3.1.2 Nichtbeachtung & eigene Bedeutungslosigkeit

Wenn Paul (28) seine Erzählung mit „ich finde auch die deutsche Leute sehr komisch" fortführt, ist er von der wesentlich gedämpfter ausgelebten Sozialität in Deutschland aber nicht nur offensichtlich irritiert; sie ist für ihn nicht nur neuartig und (noch) nicht erschließbar; es ist nicht allein das Nicht-Verstehen der Menschen in Deutschland; es ist auch ein erster Hinweis auf eine persönliche Belastung, die mit der *sozialen Irritation* einhergeht. Im weiteren Verlauf des Interviews stellt sich heraus, dass vor allem die Erfahrung, dass sich keine_r für ihn Zeit nimmt, immer wiederkehrt und die größte Herausforderung für ihn darstellt. Gleiches erlebt auch Joel:

> Nobody have your time, they didn't care. That's not their problem. It's the system, yeah. Ya, in Africa people are very curious. They wanted to know what is going on there. But here? (unv.) That's not their problem, ya. ((lacht)) (Joel: 16)

Soziale Irritation wird hier zu einer zuvor nicht gekannten *Nichtbeachtung* und somit als *eigene Bedeutungslosigkeit* schmerzlich erfahren. Dies liegt vor allem auch daran, dass der Fremde ein „anderes Maß für Anonymität und Typizität der sozialen Handlungen" (Schütz 1972: 67) anlegen muss, als es Einheimische tun. Während das Verhalten von Menschen, die hier sozialisiert sind, in sozialen Alltagsituationen den gängigen erlernten „Rezepten" folgt, mangelt es den Geflüchteten an genau jenen. Während Erwartungen an das Gegenüber hier realistisch eingeschätzt werden und oft automatisiert sind, verfügen Geflüchtete über keinerlei dieser „Rezepte." Doch nur die, die auch die Rezepte parat haben, wissen von

der teils „vorausgesetzten Anonymität, nämlich nur Leistende typischer Funktionen zu sein" (Schütz 1972: 67). D.h., wenn ich beispielsweise mit der Regional-
bahn aus Potsdam nach Berlin fahre, weiß ich einzuschätzen, was die_der
Kontrolleur_in von mir erwartet und was nicht – genauso umgekehrt.[2] Auch weiß
ich das allgemeine Schweigen mit weiteren mir unbekannten Menschen auf dem
benachbarten Sitzplatz als gängige und gegenseitig respektierte Anonymität einzuordnen. Es sind schlicht die Moderne prägende Indifferenz und Distanz,
welche schon Durkheim (1992: 360) betonte, Simmel (2006: 23) die „Reserviert-
heit" der Stadt nennt und Goffman (1971) treffend als „höfliche Gleichgültigkeit"
beschreibt, die hier zum Ausdruck kommen. Ich „habe keinen Grund, den
Absichten der anderen Anwesenden zu misstrauen, und auch keinen Grund, die
anderen zu fürchten, ihnen feindlich gesonnen zu sein" (Goffman 1971: 85). Der
fremde Migrant hingegen kann diese „höfliche Gleichgültigkeit" leicht missver-
stehen. Er deutet eine solche Anonymität als Nichtbeachtung und neigt auch
dazu, „rein individuelle Züge als typisch anzusehen" (Schütz 1972: 67), was
ebenso in den stark generalisierten Formulierungen von Paul und Joel anklingt.

Für sie kann Nichtbeachtung eine ganz alltagspraktische Relevanz besitzen,
wenn elementare Bedürfnisse, wie zum Beispiel die Frage nach dem richtigen
Weg, die in der neuen Umgebung sehr oft gestellt werden muss, nicht befriedigt
werden können. Orientierung ist in der neuen Umgebung im wahrsten Sinne des
Wortes verunmöglicht, wenn Paul (148) beschreibt, wie er daran scheitert, sich
bis zum Potsdamer Bahnhof durchzufragen: „Wenn du jemand auf der Straße
fragst: ‚Entschuldigung, wie komme ich zum Beispiel nach Hauptbahnhof?' Er
sagt/ ähm er antwortet: ‚Ich habe keine Zeit, sorry.'" Diese Erfahrungen werden
nicht einmal, sondern wiederholt gemacht. Nach und nach verdichten sich so die
anfänglichen Schockmomente zur generalisierten Erfahrung sozialer Abweisung,
die nach einer gewissen Zeit in sozialen Situationen bereits antizipiert werden,
wie folgender Interviewausschnitt abschließend verdeutlicht:

> **I:** Aber wie ist es hier so, wenn du mit Deutschen oder Potsdamern in Kontakt bist?
> **B:** Nicht nur Potsdamer, aber in general, deutsche Leute, sie sind nur (fokalisiert?).
> Zum Beispiel du kannst nicht auf die Straße dich erfragen oder du kannst nicht fra-
> gen: „Entschuldigung ich will so ((deutet mit der Hand)) oder ich will nach so." **I:**
> Was passiert dann? **B:** „Ich hab keine Zeit." Das sagen immer die Leute. „Ich habe
> keine Zeit." Sie sind nicht offen. Sie wollten nicht Leute helfen. (Paul: 33–36)

---

[2]Schütz (1972: 66) verwendet die Situation zwischen „Bahnbeamter" und „Passagier" als
klassisches Beispiel für die Illustration seiner Theorie.

3.1.3 Gegenhandeln

In diesem Zitat kommt bereits eine Verarbeitung der erfahrenen Fremdheit zum Ausdruck. Diese ist externalisierend: Es wird der Versuch unternommen, sich das Verhalten der Deutschen zu erklären. Dabei wird das Gegenüber aktiv angeprangert, die eigene Person und das eigene Verhalten hingegen nicht zum Gegenstand von Reflexionen gemacht. Konkret besteht diese Form der Verarbeitung in einer generalisierenden *Absprache von Sozialität* den Deutschen gegenüber („Sie sind nicht offen. Sie wollten nicht Leute helfen"). Ihnen wird eine Form von *Ichbezogener Asozialität* zugeschrieben. Sie seien nur fokussiert auf sich. Joel wurde bereits mit „they didn't care" und „that's not their problem" zitiert, was diesen Aspekt noch expliziter beinhaltet. Der erfahrenen Abweisung wird hier also selbstbestimmt – durch eine verallgemeinerte Kritik am Gegenüber – entgegnet. Zur Voraussetzung hat diese Form von Bewältigung, dass Nichtbeachtung und Abweisung wiederholt in sozialen Situationen erlebt wurde.

Eine weitere, nicht situative Verarbeitung, sondern ganz konkret ergriffene Gegen*handlung*, mit der die Menschen dem Kulturschock entgegnen, ist die Suche nach *Anschluss* an die vor Ort bestehende *afrikanische Community*. Auf meine Nachfrage, ob sich denn wirklich niemand anfangs kümmerte, erwidert Joel unmissverständlich: „No one! Except the Blacks that I approached. Except the Blacks that I approached to ask them, where can I go now in this case, because I don't have where to sleep" (Joel: 20). Innerhalb der afrikanischen Community gelingt, was im Umgang mit den Menschen in Deutschland bisher scheitert: soziale Verständigung, Verstehen und Verstanden Werden und damit die Befriedigung der eigenen Bedürfnisse:

> **B:** I don't know anybody here. Only them aus Cameroon, people the is here. Cause If I speak with them, that's everything I want. **I:** What? I didn't get that. **B:** I said I no get friend, I only them. **I:** Ok, only them, other Cameroon people, ok. **B:** Ya, cause if I see them, speak with them, them go understand what I want, what I no want. (Samuel: 32–36)

Zugehörigkeit und Identitätsstiftung funktionieren dabei primär über die gemeinsam geteilte Sprache: „So when I meet/ I met one Cameroonian, I will speak the broken English with him. And you, you will not understand" (Joel: 44). Interessant daran ist insbesondere der Aspekt von *Distinktion* mir gegenüber, welcher sehr deutlich mitschwingt. Distinktion kann als weitere Strategie des Gegenhandelns begriffen werden – wiederum als ein Bewältigungsmechanismus, die erfahrene Fremdheit nicht negativ auf sich selbst laden zu müssen, sondern in gewissem Sinne in positive Abgrenzung umzuleiten.

Zu problematisieren an der Anschlusssuche an die afrikanische Community ist der Fakt, dass diese zunächst soziale Segregierung begünstigt. Die eigene Fremdheit kann auf diesem Wege kaum überwunden werden, sondern wird eher noch verhärtet, wenn Menschen an einem Ort Zuflucht suchen, wo Verstehen und Verstanden-Werden wie in der Heimat funktioniert. Es handelt sich damit fatalerweise um eine Art Eigendynamik sozialer Exklusion. Wie in den obigen Ausführungen zu erfahrenen Abweisungen deutlich gemacht, ist diese Eigendynamik aber vielmehr erzwungen als freiwillig.

3.2 Repräsentant rassistischer Figuren

3.2.1 Die koloniale Grundlage

Eine der zentralen Bedingungen für den erfahrenen Rassismus spielt der historische Kolonialismus. Kamerun war von 1884 bis 1919 eine deutsche Kolonie (Gouaffo 2007). In der kolonialen Besatzungszeit wurde Kamerun von Deutschland vor allem exotisierend dargestellt. Dieser Unterdrückungsgestus diente dem „Kampf um eigene nationale, politische und ökonomische Interessen des Reiches" und damit eigene Weiße überlegene Identität zu produzieren (Guoaffo 2007: 244). Dafür arbeiteten die Deutschen sich an Kamerun als einer Art Kontrastfolie ab. Das Deutschlandbild der Menschen aus Kamerun ist heutzutage immer noch stark durch die deutsche Kolonialherrschaft geprägt. Im Material äußert sich dies beispielsweise bei Carl in einer *Idealisierung Deutschlands*. Diese ist teils so stark, dass sie nicht nur überzeichnet wirkt, sondern man gleichzeitig nicht umhinkommt, in einigen mit besonderem Pathos vorgetragenen Passagen an die kolonial erzwungene Unterwerfung zu denken:

> **B:** I have always loved Germany. **I:** Ok, because of/ because you knew people, that were living here, friends, or the picture of Germany? I don't know. **B:** Noho I just loved the name. ((lacht)) I just loved how great the country is, how powerful it is in the world. **I:** How what? **B:** How POWERFUL it is in the world. Ya, how great the people are. So I have always desired to live in Germany. **I:** Ok, but you knew German people before? **B:** I knew some of them in Cameroon. Some of them that came for (unv.)/ for ähm/ for tourism. Ya so/ so I was friends with/ I make friends with some of them, stuff like that. So they left, till then we haven't met again. And my name is Carl, so my mum said the name was giving to me by a German man. So I had all this in mind. So I just wanted to live in Germany. (Carl: 52–58)

Carl selbst ist hier – nicht nur angezeigt durch seinen deutschen Namen – eine Prägung des Kolonialismus. Wenn die_der Deutsche im 21. Jahrhundert in Kamerun als Tourist_in auftritt, mit der_dem befreundet zu sein Carl offenbar viel bedeutet, ist die Überdauerung der historischen Linie des Kolonialismus offensichtlich. Nilpferdpeitsche und Tropenhelm sind heutzutage allerdings einem ökonomischen Gewand gewichen. In der Passage, in der Carl seine Faszination darüber zum Ausdruck bringt, wie „powerful" und „great" Deutschland und seine Stellung in der Welt doch seien, ist damit vor allem wirtschaftliche Macht und Einfluss gemeint. Eine solche ökonomische Vormachtsstellung Deutschlands gegenüber Kamerun – das gilt auch allgemeingesprochen für Europa gegenüber Afrika – ist allen nur zu bewusst: Samuel (158): „All of us we know the the difference. For Africa with Europe we know the difference." Und auch die historische Dimension scheint klar. Carl (112): „You know, Europe is different from Africa. Ya, there are many things. Things that have happened in here, are not happened in Africa. And things that have happened in Africa, are not happened in Europe." Nicht immer werden dabei die Ungleichheitsverhältnisse indirekt idealisiert, wie im Fall von Carl, sondern vielmehr auch aktiv kritisiert. Joel – nicht ohne gewissen Zynismus: „B: To come and seek asylum you must have a problem. Have you ever seen a German man seek asylum in Africa? Never. ((lacht)) I: Probably not. ((beide lachen)) B: Ya, it's very/ it's very unfair" (96–98).

Früh hatte bereits der Psychiater und antikoloniale Theoretiker Frantz Fanon auf die Metamorphosen – und nicht das gänzliche Verschwinden – kolonialer Verhältnisse hingewiesen: Eine „blinde Herrschaft nach Sklavenhaltergeschmack" sei „wirtschaftlich nicht rentabel." Worauf es ankäme sei vielmehr „der Schutz der wirtschaftlichen Einflusszonen. Artilleriefeuer und die Politik der verbrannten Erde sind der wirtschaftlichen Unterwerfung gewichen" (Fanon 1981: 55). Woraufhin Fanon in *Das kolonisierte Ding wird Mensch* (1986) genau jene ambivalenten Prozesse der Überwindung und gleichzeitig subtilen Überdauerung kolonialer Machtverhältnisse in ihrer Bedeutung für Menschen und Psyche nachzeichnet. Auf einer solchen ökonomischen Überlegenheit bleibt Kolonial-Rassismus als „dumpfe ideologische Ausdünstung" (Fanon 1986: 125) stets anschlussfähig. Patrick musste ihn bereits mehrfach erfahren. Umso heftiger setzt er sich dagegen zur Wehr:

B: You know as äh many Europeans know that Africans are poor country, with that they are make theirself äh very very/ they want also to be like this African to be here as Europe. ((deutet mit den Händen)) **I:** Europe on the top/ **B:** Yes, Africa on the down. Ya. Me I'm Black, I'm also African. I can not accept anybody to make me (shit?). **I:** To make? **B:** To make me SHIT. To take me every time down down down, you know? (Patrick: 178–182)

Erst die kolonialen Herrschaftsstrukturen haben diese Unterdrückungsverhält-
nisse historisch wachsen lassen. Gleichwohl funktioniert der Rassismus heutzutage anders als noch in der Kolonialzeit – vor allem ohne den Begriff der *Rasse*,
dafür über den „vornehmeren" der *Kultur* (Adorno 1975: 267). Balibar & Wallenstein (1990), deren Werk als Begründung der neueren Rassismusforschung
gilt, legen dar, dass der Rassismus der Kolonialzeit, welcher noch über biologische Begründungsmuster argumentierte, weitestgehend überwunden sei: Niemand
würde nach den Erfahrungen des Nationalsozialismus und des Holocaust noch
ernsthaft auf die biologische Überlegenheit einzelner Rassen und die durch „Ras-
senmischung" heraufbeschworene Gefahr der „Entartung" rekurrieren. Damit
wäre aber nicht Rassismus aus der Welt verschwunden. „Die Kategorisierung der
Menschheit in künstlich voneinander isolierte Gattungen" hätte vielmehr über-
dauert (Balibar & Wallenstein 1990: 14). Nichts anderes erfährt Patrick, wenn
er als Schwarzermit einer solchen bedeutungsvoll inferiör aufgeladenen „Gat-
tung" leben muss. Rassistische Erfahrungen postkolonialer Art behalten also das
ursprüngliche Machtmoment von Oben und Unten – Kolonialherren und Unter-
drückte – bei. „Der neue Rassismus ist ein Rassismus der Epoche der ‚Entkolo-
nialisierung,' in der sich die Bewegungsrichtung der Bevölkerung zwischen den
alten Kolonien und den alten ‚Mutterländern' umkehrt" (Balibar 1990: 28). Als
Kameruner, die in Deutschland Asyl suchen, erleben sie diesen neuen Rassismus
insbesondere in Alltagssituationen, wie im Folgenden deutlich gemacht wird.

3.2.2 Kleinhaltung & Entwertung – „Blacks are only for cleaning and washing plates"

Aus dem skizzierten kolonial-rassistischen Fundament sind im Material vor allem
klar umrissene rassistische Figuren historisch überdauernd und in ihrer Gestalt
nur leicht verändert. Sie sind immer nach dem gleichen auf Verallgemeinerung
abzielenden Schema aufgebaut: „Blacks are ..." oder „Africans are ...." Nach
Bojadžijev verstehe ich diese Figuren als Formen rassistischen Wissens:

> Rassismus ... stellt Individuen ein Wissen zur Verfügung, das es ihnen ermöglicht,
> Erlebtes zu interpretieren .... Dabei sind kausale Erklärungsschemata über die
> Beziehung von Wesen und Erscheinung zentral – so wird im rassistischen Wissen
> behauptet, dass geheime Zusammenhänge aufgedeckt, Tabus gebrochen und Verhal-
> tensweisen dechiffriert werden. Das rassistische Wissen ist dabei nicht einfach frei
> erfunden, sondern bezieht sich auch auf vorgefundenes Material, mischt Reales und
> Fiktives. Es geht weniger um offenen Angriff oder Agitation (auch wenn der Popu-
> lismus diese Option weiterhin zur Verfügung stellt), ... es geht um das Zitieren und
> nicht um die Autorschaft eines Arguments. (Bojadžijev 2015: 280)

Die Figuren sind demnach Diskurselemente, die in der deutschen Gesellschaft virulent sind, die nicht neu erfunden, aber eben immer wieder und wieder zitiert werden. Auch die Kameruner selbst ziehen sie heran, um die erfahrenen Ablehnungen und Diskriminierungen zu verstehen. Einige dieser Figuren sind explizit postkolonialer Art, so z.b. *Blacks are only for cleaning and for washing plates.* Patrick, der als Fliesenleger in einer unbezahlten Kettenpraktikumsschleife feststeckt, beschreibt sein bisheriges Scheitern, als Schwarzer einen angemessenen Job zu bekommen, entlang jener Figur:

> **B:** As yet now I'm making äh Praktikum. Yes for one/ one äh/ one company. Yes. I'm working there as (unv.). Tiles? You know tiles? **I:** Tiles? **B:** Fliesenleger? **I:** Ah sorry? **B:** FLIESENLEGER. **A:** Ah yeah, ya ya ya, yeah! **B:** Yes, I have six week to make this praktikum. I don't know if äh I will stay there to work or not. Yes. That is very difficult for/ for me. Black. To have äh a/ a good job, because many pe/ many people, if you come you say: „Yes, I'm Black." To clean, yes you get job, but if you say: „I'm Black I know äh this job," they could not trust you. Yes, because they know that every Black only for clean. Ya. ((leise sprechend)) (Patrick: 56–62)

Patricks Praktikum ist unbezahlt, der Ausgang, ob er irgendwann übernommen wird, grundsätzlich offen. Er führt dies auf sein Schwarzsein zurück, welches er als Grund für seine bisher nicht von Erfolg gekrönten Bemühungen heranzieht. Die rassistische Diskriminierung bestünde darin, dass Schwarzen generell nicht zugetraut werde, auch anspruchsvollere Jobs ausführen, sondern sie lediglich dem Anspruch zum Putzen genügen würden. Daher stünden nur in diesem Bereich auch entsprechende Jobs für sie zur Verfügung. Das rassistische Wissen wird für Patrick hier unmittelbar zur rassistischen Erfahrung. Er erlebt sein Scheitern genauso: Ich bin Schwarz. Ich bekomme keinen guten Job, weil der Großteil der Menschen Schwarzen nur das Putzen zutraut. Carl führt genau die gleiche Argumentation an, nachdem er die Verweigerung des Zugangs zu einem Deutschkurs erleben muss, obwohl es zuvor hieß, der Kurs sei für alle, die Interesse haben, frei zugänglich:

> So it's like we/ we the Blacks, I should put it like that, it's like they don't regard us in Germany. Ya, it's like they don't want us to become somebody in the future. I don't know, it's like they want us to end up washing plates, sweeping (floor?). It's not bad, ya. But/ but sss/ but ssome ((stottert)) of us have the desire to (unv.). But it's not possible for us. Ya! (Carl: 16)

„They don't regard us" ist eine besonders starke Formulierung, erfahrene Nichtbeachtung zu beschreiben – darin kommt zum Ausdruck, dass ein_e Schwarze_r ständig durch das Raster der Wahrnehmung in Deutschland fällt. Der darauf folgende Satz („Ya, it's like they don't want us to become somebody in the future") wächst sich sogar noch heftiger, zur *aktiven Kleinhaltung* aus. Carls Wortgebrauch erinnert dabei stark an die skizzierte Idee einer seit dem Kolonialismus andauernden Unterdrückung, die sich nur in ihrer Ausprägung gewandelt hat. Interessant und nicht unbedingt naheliegend ist daraufhin seine Ausführung, dass „washing plates" generell ja nicht schlecht sei. Dass er sich auch ungefragt dazu aufgefordert sieht, ausdrücklich zu betonen, manch eine_r hätte aber auch andere Wünsche und Ambitionen, lässt weiterhin aufhorchen. Für mich wäre das für das allgemeine Verständnis der Situation nicht unbedingt nötig gewesen, vielmehr hätte ich es als Selbstverständlichkeit vorausgesetzt, dass die Menschen mehr als nur putzen wollen. Wieso wird dieser Einschub an mich als – Weißen – Adressaten also extra vollzogen? Warum gerät Carl hier außerdem auch auffällig in Aufregung und ins Stottern? Eine nachvollziehbare Erklärung wäre: Carl spricht hier aus einer Kumulation gemachter rassistischer Erfahrung heraus. Der Einschub wäre nachvollziehbar, wenn er bereits mehrfach die Erfahrung machen musste, dass angenommen wurde, Schwarze seien zufrieden mit „cleaning" und „washing plates" – oder ihm eingeredet wurde, sie hätten gefälligst damit zufrieden zu sein – ihm also eine Art geminderte Ambitions- und Anspruchshaltung zugedacht wurde, in der ihm höhere Bildungs- und Zukunftsambitionen abgesprochen wurden. Dies hätte Carl gewiss jedes Mal von neuem schwer getroffen, ist er doch selbst äußerst gebildet, ambioniert und augenscheinlich sehr intelligent. Mit solchen rassistischen Vorerfahrungen hätte er jedoch eine Motivation, auch mir gegenüber klarzustellen, dass Schwarze gleiche Ansprüche und Ambitionen wie alle anderen Menschen in Deutschland besitzen. Seine Erfahrung hat ihn jedoch gelehrt, dass er dies nicht einfach voraussetzen kann. Eine solche Interpretation vertrete ich auch auf Grundlage meines Erinnerungsprotokolls.[3]

In jedem Fall kreist diese Passage um die Phänome von *aktiver Kleinhaltung*, *Bevormundung* und *Entwertung einer Person*. Fanon (1986: 61) schreibt dazu, dass der Herrenmensch von heute auf den Schwarzen „wie ein Kind auf die

---

[3]„Carls Englisch war eindeutig besser als das meine. Er argumentierte außerdem durchgehend auf hohem Reflexions- und Abstraktionsniveau. Generell machte er dabei einen sehr ambitionierten und gebildeten Eindruck. Ich würde ihn als überdurchschnittlich intelligent einschätzen .... Immer wieder geriet Carl an einigen Stellen auffallend stark ins Stottern. Gleichzeitig fing seine Stimme dabei etwas an zu zittern. Zu dieser Art von Aufregung kam es immer dann, wenn Rassismus thematisiert wurde und an Stellen, die eine starke persönliche Bedeutung für ihn zu besitzen schienen. Außerdem fühlte ich mich des Öfteren als Weißer von ihm angesprochen, der nicht über das gleiche Wissen über Rassismus verfügte, als Mitglieder der afrikanischen Community" (Feldnotiz: 25.11.2015).

Geburt seines jüngeren Bruders" reagieren würde. Um bei der Kindermetapher zu bleiben: Die Art von Kleinhaltung und Behandlung, die Carl beschreibt, erinnert ebenso an den behütenden Schutz, den Eltern ihrem kleinen Kind entgegenbringen, welchem noch nicht zu viel zugemutet werden soll und welches eben noch erzogen werden muss. Passend dazu beschreibt die Psychologin Grada Kilomba (2010: 44) Formen von „everyday racism" als „infantilization," in der Schwarze zur „personification of the dependent – the boy, girl, child, or asexual servant – who cannot survive without the master" werden. Einzig: Die Konnotation, die aus der Erfahrung der Betroffenen spricht, ist oft nicht die von elterlicher Fürsorge, sondern vielmehr die einer gezielten Abwertung – eine Entwertung. Carl (134), der in diesem Moment offenbar selbst zu sehr betroffen ist, um es bis zum Ende auszuführen: I don't know why some people are treating others as if they are useless, they don't have future, they should not do anything. It's really really (unv.) ((sehr leise sprechend))."

Da die hier zitierten Textpassagen auch etwas unvermittelt für sich stehen – d.h. innerhalb des Interviews nur lose Bezug zu konkreten Ereignissen, auf die sie sich beziehen, hergestellt werden kann – gleichzeitig aber sehr starke Formulierungen genutzt werden, soll erneut darauf verweisen werden, dass rassistische Vorerfahrungen hier eine Rolle spielen können. Offensichtlich scheint dabei, dass es so etwas wie einen Bereich des Unsagbaren (Fromm: 1978), eine Sprachlosigkeit für die Betroffenen von Rassismus gibt (Osterkamp 1996: 41), was ich abschließend mit folgendem Ausschnitt aus dem Internview mit Carl unterfüttern möchte:

> I: Is this the only racist experience? B: ((lacht leicht)) You see, for now I really don't know how to explain it, but it's not the only. Ya, it's just that for now I really don't know how to put it. How to explain it. I: It's more like a general feeling? That you are not welcome here or/ B: It's/ ((lacht)) how should I be saying? (.) It's like they want the Black people to just be washing plates, sweeping the streets, doing stuff like that. They don't want them to be educated. And there are more to it, it's just that right now I'm totally confused, ya. I: And who wants it? The German government or the German persons on the street or/ B: ((lacht leicht)) (…) I really don't know how to put it. I really don't know how to put it. (Carl: 123–128)

3.2.3 Selbstzuschreibungen & kulturelle Exklusion – „Blacks make problems"

Was in den vorangegangenen Zitaten von Patrick („for me. Black") und Carl („we the Blacks, I should put it like that") außerdem heraussticht, sind die Formulierungen, die sie als Selbstbeschreibungen nutzen. Beide verstehen sich selbst – und auch im Kontext einer übergeordneten sozialen Gruppe – als Schwarze. Dies ist erst die Grundlage dafür, dass sie erfahrene Benachteiligungen überhaupt als rassistische Erfahrung erleben. Mit jeder wiederholten Ablehnung und erneut erfahrenen Diskriminierung wird auch die angebliche Minderwertigkeit mehr und mehr ins Selbstkonzept übernommen. So beschreibt Patrick die Abweisung, die er auf einer kulturellen Veranstaltung in Potsdam erfährt, wie folgt:

> **B:** We go there. We want to/ to dance, the bodyguard say we can not enter. People enter, he say but we can not enter. „Why we can not enter?" I say. He say, no we can not enter. I understand that, because we are Black. You see? **I:** I don't get it, what do you think, he, the White German, thinks about you? **B:** If you reach for/ if you have this situation, normally you have to know that, because you are Black, because many people are come back to you and go in, they are White. You, YOU are Black, only you. He say: „You can not." You understand? (Patrick: 154–156)

Er antizipiert hier bereits den Rassismus, der ihm als Schwarzer widerfahren wird. Diese Selbstzuordnung der Gruppenkategorie Schwarze beinhaltet also bereits, dass diese Gruppe grundsätzlich von Rassismus betroffen ist. Hier liegt jedoch ein wechselseitiger Zusammenhang vor: Er muss diese Selbstzuordnung auch gerade aufgrund rassistischer Erfahrungen vollziehen. Sie ist erzwungen, und erst durch den erfahrenen Rassismus wird sie besonders stark. Das Maß der Identifikation mit einer sozialen Gruppe bestimmt immer der Kontext. Sie ist besonders stark „in contexts where individuals are minorities and perceive some level of threat" (Syed & Juang 2014: 177). Um die eigene soziale Identität (Tajfel 1978; Tajfel & Turner 1986) vor diesen Bedrohungen zu schützen, erhöhen die Gruppenmitglieder quasi als Abwehrmechanismus die Identifikation mit ihrer Gruppe. Daher müssen sich Schwarze in Gesellschaften mit virulentem Rassismus (chronischer Bedrohungskontext) mit ihrer Hautfarbe stärker auseinandersetzen und identifizieren, als Weiße Menschen es tun. Die Kategorie Hautfarbe ist für sie ein integralerer Bestandteil ihres Selbstkonzepts, als es Hautfarbe für Weiße Menschen ist, weil sie öfter in einem Minderheitskontext der Bedrohung sichtbar wurde.[4]

Ich frage daraufhin genauer nach, worin Patrick die Gründe dafür vermutet, dass sie vom Bodyguard abgelehnt wurden. Patricks Antwort: „Maybe we go in

---

[4]Geradezu umgekehrt verhält es sich als Mitglied einer dominanten Mehrheitsgruppe. Die Sichtbarkeit und Identifikation mit selbiger ist oft nur sehr gering. Die Gruppe Weißer heterosexueller Männer in einer Gesellschaft, in der Weiße zahlenmäßig überlegen und privilegiert sind, Heterosexualität die Norm darstellt und Männer keinem Sexismus ausgesetzt sind, ist daher kaum sichtbar (Hurtado 1997; Phinney 1990).

and make problem, because people thinks Black every time make problem. Or maybe/ (...) for me I not understand why, just say that we can not enter" (158). Damit ist die dahinterliegende rassistische Figur genannt: *Blacks make problems*. Sie bietet hier sowohl die semantische Grundlage für eine rassistische Praxis in Form kultureller Exklusion: Ausschluss von einer Party. Sie ist augenscheinlich handlungsleitend für den Bodyguard, Patrick den Zutritt zu verweigern. Wobei natürlich auch weiteres rassistisches Wissen des Bodyguards hier eine Rolle spielen kann. In jedem Fall liegt diese Figur aber auch Patricks Erfahrung zu Grunde und wird – wenn sie es nicht schon ist – auch zukünftig relevant bleiben. Diese Stelle macht deutlich, wie Patrick wohl einem nächsten Besuch einer Party entgegenblicken wird. Er weiß nun um die Möglichkeit, dass er als Schwarzer abgewiesen werden kann, denn er hat es bereits eigens erfahren. Da Lernen in sozialen Situationen immer erfahrungsbasiert (Kolb 1984) und Informationsverarbeitung selektiv – tendenziell unsere Erwartungen bestätigend (Wason 1960)[5] – vonstattengeht, wird er, sollte er in Zukunft noch einmal nicht auf eine Party kommen, dies als eine Bestätigung der Figur erfahren. Seine Rassismuserfahrung wird sich intensivieren, und er wird eine konkrete Erwartungshaltung für zukünftige Partybesuche ausprägen. In der Schlange vor dem Einlass wird er fortan immer darauf hingewiesen sein, dass er Schwarz ist, seine Selbstzuordnung der Kategorie wird verstärkt sein. Es wird also eine Art Negativspirale in Gang gesetzt: Patrick bildet auf Grundlage seiner Erfahrungen für eine konkrete Alltagssituation ein *kognitives Schema* (Bartlett 1932) aus, welches rassistisches Wissen beinhaltet. Dieses Schema wird in neue Situationen „mitgebracht," Wiedererkennungseffekte (*top-down-Prozesse*) setzen ein, vorhandene Informationslücken werden geschlossen und das Schema nur bei besonders stark widersprechenden Informationsgehalten außer Kraft gesetzt. Diese Schema-Bildung scheint bei Patrick schon fortgeschritten zu sein, was umso problematischer ist, da sich dieser Prozess nur schwer wieder umkehren lässt. Beck, Emery & Greenberg (1985) haben darauf hingewiesen, welche großen psychisch belastenden Folgen einmal ausgebildete negative kognitive Schemata haben können. Auch für die Alltagssituation Supermarkt ist die Ausbildung eines solchen Schemas – rassisistischer Inhalt: *Blacks are stealing* – nach ähnlichem Muster denkbar:

B: Maybe when you are going in the/ in the supermarket. For example supermarket when you go in. If äh somebody/ the bodyguard there/ somebody (unv.). If you want to take maybe something, to thief something. But not all Black people have to thief.
A: So the bodyguard thinks that the Blacks are stealing? **B:** Ya! Ya. (Patrick: 24–26)

---

[5]Als *confirmation bias* ist in diesem Zusammenhang eine kognitive Verzerrung gemeint.

3.2.4   Meidung & Aufhebung der Anonymität – „Black man as a danger" & „Blacks man as an animal"

Eine der in der Kolonialzeit wirkmächtigsten Darstellungen des Schwarzen war die des „Negers" als Barbaren, als „Wilden" im Naturzustand. „In Europa hat der Neger eine Funktion: nämlich diejenige, die niederen Gefühle, die bösen Neigungen, die dunkle Seite der Seele zu repräsentieren," wie Fanon (1986: 84) ausführt. Damit ist der Gegensatz von Zivilisation und Wildheit mit bei weitem mehr Bedeutung aufgeladen, als auf den ersten Blick ersichtlich. Es ist mithin die Trennung zwischen „Gut und Böse, Schön und Häßlich, Weiß und Schwarz" (Fanon 1986: 78). In diesem Kontext ein Zitat von Paul – knapp 100 Jahre nach dem Ende der kolonialen Unterdrückung:

> **B:** Also ich will dazu sagen/ ich wollte sagen, dass/ (.) also die Afrikaner sind nicht als gute Menschen gesehen. **I:** Das habe ich noch nicht verstanden, die Afr/ **B:** Die Afrikaner sind nicht als gute Menschen/ wie kann ich das sagen. (.) Also zum Beispiel, wenn ein Deutscher ein Afrikaner sieht, er sagt: „Ach! ((verächtliche Handbewegung und Gesichtsausdruck)) Das ist keine Person oder das ist mir egal diese Person, ich will kein Kontakt mit ihm haben." Sie finden immer Afrikaner wie gefährliche Menschen. (Paul: 38–40)

Die Verknüpfung von Schwarz mit dem Gegenteil von Gut, mit Verachtungswürdigkeit und mit Gefahr – Paul wiederholt sich wenig später noch einmal explizit: „Wenn sie ein Afrikaner sehen, erste/ erste Idee ist gefährlich Mensch" (42) – basiert hier immer noch auf der gleichen alten kolonialen Figur des Wilden. Sie ist im Material massiv vertreten und lässt sie sich daher auch im Detail weiter ausdifferenzieren als – so die eine Akzentuierung – *Black man as a danger* und – mit nur leicht verschobenem Bedeutungsgehalt – *Black man as an animal*. Beide Figuren können jedoch als Ausprägungen, die auf dieselbe historisch überdauernden Vorstellung des Schwarzen als Wilden rekurrieren, verstanden werden. Joel legt wie Paul den Fokus auf Gefährlichkeit: „There are some people, that have in your mind that Black man is (.) a danger. So when you approach black, he will be a danger for you" (48). Während bei Carl (134) der Aspekt der Animalität in den Vordergrund rückt: „You know, this racist thing, it's like some people feel like this Black skins are animal."

Wie bereits erwähnt, diente schon den Kolonialmächten die Erhebung über „die Wilden" vor allem der eigenen Abgrenzung – der Produktion Weißer Zivilisiertheit. Kilomba (2010: 44) stellt heraus, dass genau jener Mechanismus grundlegend für das Funktionieren von Alltagsrassismus ist. Schwarze werden demnach als sogenannte *Andere* markiert und das Weiße Subjekt in Abgrenzung dazu

positioniert: „The white subject … constructs itself as ‚civilised' and ‚decent,'
while racial ‚Others' become ‚decivilised' (aggressive) and ‚wild' (sexuality)."
Die fast unmittelbare Entsprechung der empirisch aus dem Material gewonnenen
Figur *Black as danger* mit dem, was Kilomba (2010: 44) als „decivilization" konzeptionalisiert, ist frappant: „The Black subject becomes the personification of the
violent and threatening Other – the criminal,[6] the suspect, the dangerous – the one
who is outside the law." Entsprechendes gilt auch für die Figur *Black as an animal*. Via „Animalization: The Black subject becomes the personification of the
animal – the wild, the ape, the monkey, the ‚King Kong' figure – another form of
humanity" (Kilomba 2010: 44). Demnach wäre in Pauls „Das ist keine Person"
auch durchaus das Element von „another form of humanity" anklingend, was
nochmals aufzeigt, wie eng beide Figuren miteinander zusammenhängen und dass
sie auf eine gemeinsame Wurzel rückführbar sind. Kraft entfalten diese Figuren
für die Menschen immer wieder in konkreten Alltagssituationen. Es kommt zur
aktiven Meidung, der *Wahrung physischer Distanz* vor den angeblich „Gefährli-
chen" und „Tieren," wie Jacques und Patrick berichten:

> **B:** When we/ we enter, we take/ we take some Bahn or Bus, if I stay here, no ähm
> near/ no one/ no one ähm/ no one want to sit near. **I:** No one wanted to sit next to
> you? **B:** Ya ya, next to you. **I:** Why? **B:** I don't/ don't/ don't know. Maybe/ maybe/
> MAYBE because we are Black, I don't know. Don't know. Many many people it's
> ähm/ many many many it's like this. Some/ but ähm just a few it's different, Black
> or White it's no problem. (Jacques: 190–194)

> **B:** If you enter in the Straßenbahn. If you take one place, maybe one lady will come,
> he will see you are Black, he can not sit down. **I:** He what? **B:** If he/ if he see you
> are Black, she can not sit down äh next to you, you know. **I:** Ok, it's/ it's a free place
> but // he sees you are Black // **B:** // Yes! She don't want // **I:** and then he doesn't
> sit down. **B:** Yes, yes. That is/ that is äh really racist. Many people don't know that
> but if I'm a WHITE MAN, then she come, she will sit down! Sometime you say to
> somebody this is/ sometime you come, you sit, the/ the White girl or the White man
> get up, you know. But that's/ this is not good. Sometime you are in this äh/ the äh/
> the Tram. You see young people, they talk. About you. Because there no many peo-
> ple they don't talk, they (unv.) speak Germany. They talk about you. (Patrick: 36–42)

Sehr deutlich wird hier, was Kilomba (2010: 102) als „the need to regulate the
physical distance to Blacks" beschreibt. Patrick gewährt aber auch einen Einblick, was es bedeuten kann, Schwarz allein unter Weißen zu sein. Zunächst
bedeutet es *Aufhebung der eigenen Anonymität*. Er erfährt sich als Objekt, über

---

[6]Hierin spiegelt sich auch ein Aspekt der Figur *Black make problems* (3.2.2) wider.

das geredet wird. Dabei wird jedoch nicht über ihn als Individuum geredet, sondern über ihn als Schwarzer – offensichtlich gerade aufgerufen: Die Figur des
Schwarzen als gefährlicher Mensch. Dies ist nur ein Beispiel[7] dafür, was „having
to represent blackness," wie Kilomba (2010: 102) es formuliert, bedeuten kann –
nämlich, dass Schwarze in Situationen „as a singled out" immer auch zu Stellver-
tretenden, zu Repräsentant_innen einer Kategorie werden. „Being included
always means representing the excluded, which is why we often find ourselves
forced into the role of ‚race' deputies. We come to represent all the others"
(Kilomba 2010: 108).

3.2.5 Gegenhandeln

Eine solche Problematik – Menschen, die zu Repräsentant_innen einer negativ aufgeladen Kategorie werden – zeigt sich letztlich in allen drei vorgestellten
Figuren. Es bleibt die Frage zu klären, welchen Umgang die Menschen mit diesen Situationen finden, in denen sich das rassistische Wissen aus der Figur, welches aufgerufen wird, mit den Ambitionen der Menschen stark widerspricht. Es
sind Situationen, in denen sich beide unvereinbar gegenüber stehen und partout
nicht in Einklang gebracht werden können. Carl ist beispielsweise intelligent
und Schwarz. Schwarzsein und Intelligenz zusammen scheint es jedoch nicht zu
geben. Wie Kilomba (2010: 110) ausführt: „Smartness and Blackness co-exist as
separate categories … but not as integral parts …. One is Black when it comes to
embodying the corporeal, but one is not Black when it comes to intellect." Carl
(16) sieht sich dazu gezwungen diesen Widerspruch bereits selbst zu formulieren:
„I don't know, it's like they want us to end up washing plates, sweeping (floor?).
It's not bad, ya. But/ but sss/ but ssome ((stottert)) of us have the desire to (unv.).
But it's not possible for us. Ya!" Es ist dieses *but* was die Unversönlichkeit der
zwei Konzepte zum Ausdruck bringt. Das *but* muss Carl extra anführen, um sich
in diesem Fall gegen die Kategorie Schwarzsein, die abgefüllt ist mit dem Rassismus des ambitionslosen, bevormundungswerten Kindes, zu stellen. Er vollzieht
eine *Abwehr der Kategorie* und eine *Betonung der Gleichheit* der Menschen:
„Nobody say that God was a White man, nobody say that God was a Jamaican,
nobody say God was a Black man, nobody says God is Chinese, India, no! But
we have the same blood, we have the same heart" (Carl: 134).

---

[7]Es sei auch nochmals zurück an Carl erinnert, der als Schwarzer aufgerufen wird, aber
Intelligenz für sich beanspruchen möchte (3.2.2).

Schwarzsein lässt sich jedoch nicht einfach ablegen wie ein Kleidungs-stück. Über das, was Carl hier abzuwehren versucht, gibt es vielmehr „legends, stories, history, and above all historicity" (Fanon 1967: 22). All dies ist sym-bolisch eingeschrieben in seine Haut (Kilomba 2010: 109). Es ist daher eher davon auszugehen, dass Schwarzsein hier situativ abgespalten werden muss, da es nicht zusammen mit Intelligenz gedacht werden kann. Ein solcher Ver-lust an Integration von Bewusstseinsinhalten wird in der Psychologie als *Disso-ziation* bezeichnet (Janet 1889). In der klinischen Psychologie ist diese sowohl als Persönlichkeitsstörung, aber auch als Abwehrmechanismus konzipiert (Eckhardt-Henn 2004: 277). Für Carl besitzt eine Dissoziation die Funktion eines Selbstschutzes. Andere individuelle Bewältigungsmöglichkeiten stehen ihm für die Situation kaum zur Verfügung. Schließlich kann er vor dem, was in seiner Haut eingeschrieben ist, nicht einfach weglaufen. Er muss daher dissoziieren. Auch Patrick (24: „But not all Black people have to thief") hat jenes *but,* und auch Paul benutzt es als Abwehr und gleichzeitige *Mahnung zur Differenzierung*:

> **A:** Sie finden immer Afrikaner wie gefährliche Menschen und so/ so sind wir nicht, aber vielleicht andere sind so, aber nicht alle. Also wir müssen/ also (…) wir müssen die Sache nicht/ (.) nicht mixen, kann ich so sagen. **I:** Was musst du nicht mixen? **B:** Also sie sagen zum Beispiel, ein Afrikaner hat sowas an so schlechte Dinge, vielleicht früher gemacht. Aber man soll nicht daran denken, dass alle Afri-kaner sind so. (Paul: 40–42)

Hier verhält es sich allerdings im Detail noch einmal etwas anders als bei Carl. Während das „Afrikaner wie gefährliche Menschen und so sind wir nicht" wieder genau jene Unvereinbarkeit zwischen Figur – dieses Mal die Figur *Black man as a danger* – und Anspruch der Menschen zum Ausdruck bringt und eine versuchte Abwehr darstellt, lässt der Einschub „aber vielleicht andere sind so, aber nicht alle" aufhorchen. Damit kommt eher eine *Relativierung des Rassismus* zum Aus-druck. Die Menschen müssen Rassismus verarbeiten und kommen daher nicht umher, sich den Rassismus auch selbst zu erklären. In diesem Zusammenhang kommt Paul auf die Idee, „ein Afrikaner hat sowas an so schlechte Dinge, viel-leicht früher gemacht." Da hier Aspekte der *Bestätigung von Rassismus* anklin-gen, wird deutlich, wie wirkmächtig verankert wiederum die kolonial-rassistische Figur in Paul selbst zu sein scheint. In der Tat können die rassistischen Figuren eben nicht immer direkt abgewehrt werden. Es kommt zum Beispiel zu einer Art *situativen Widerspiegelung der rassistischen Figur*, wenn Patrick ausführt:

> **B:** Me I'm Black, I'm also African. I can not accept anybody to make me (shit?). **I:** To make? **B:** To make me SHIT. To take me every time down down

down, you know? I: You can/ you can not accept this? B: Yes, if you take me as
person, I take you as person. If you take me as animal, I take you as animal. Yes.
(Patrick: 180–184)

Patrick spiegelt demnach rassistische Handlungen am rassistischen Gegenüber. Es
kommt in solchen Fällen dann quasi zur *Erfüllung der rassistischen Figur*:

> I: And have you now developed certain strategies if you encounter this kind of bad
> thing, this kind of racism? B: Yes, I develop. If you are of Color, honestly I know
> how to do, what to do, you know. If you are reach somebody make me racist, if the
> body who come with me/ if the man who make me racist, just touch me, it's ok,
> no problem. It's her problem, you know. If he make racist (unv.)/ if the person talk
> bad to me, no problem. For me is egal. BUT if the person touch me or make me
> something bad, I will be animal. (Patrick: 197–198)

Als ich genauer nachfrage, wie Carl mit dem Rassismus umgeht, den er mir
gegenüber so offen benennt, wird auch das Eingeständnis der *eigenen Machtlosigkeit* deutlich. Jedoch bedeutet dies in seinem Fall nicht unbedingt, nur in
Hilflosigkeit und Ohnmacht zu verfallen, sondern er hat bereits eine Art Arran-
gement mit den bestehenden Verhältnissen vorgenommen. In Anwendung
eines gewissen Pragmatismus führt er aus, dass Rassismus eben ein größeres
System sei:

> B: You see, there are some things in life that we just have to accept it. Because we
> can not change it. I: But you have to accept racist? B: Ya! I: Ya? B: If I have to
> accept it, then why shouldn't I? People have lived with it before, people have lived
> and died in it. Then who am I to think I can like do something or I can not live in it?
> No, I just have to live and move on with my life. I: Hmhm ((bejahend)). Yeah, ok.
> B: Are you missing something? I: No, no I understand your attitude towards it. Of
> course I understand. I just think it's very hard to accept racist system. B: ((lacht)))
> It has been like that since/ from since/ even before I was born, so it can not change
> now. What about the people that have been living here? Have they no accept it?
> They have accept it. And they are living in it. Ya, so that is it. (Carl: 136–144)

Wiederum wird auch hier das koloniale Fundament stark deutlich. Es wird geradezu essentialisiert und als historische Universalie betrachtet. Es ist ein aufer-
zwungenes *Akzeptieren des Rassismus*, der als System schon sehr lange – weit
vor Carls Geburt – besteht. Damit ist ein solches Akzeptieren von Rassismus vor
allem Selbstschutz, denn Rassismus wird hier nicht auf sich persönlich bezogen,
sondern quasi der natürlichen Verfasstheit der Welt zugeordnet, gegen die der
Einzelne kaum etwas ausrichten könne.

Insgesamt umfasst das Gegenhandeln der Menschen aber noch eine Vielzahl weiterer selbstbestimmter Strategien, mit denen sie sich gegen Rassismus behaupten. Um nur einige zu nennen: Eine rassistische Kategorie abzuwehren setzt zunächst die *Benennung* des Rassismus als solchen voraus, was nicht selten mit Empörung einhergeht, wie Patrick (42: „That is/ that is äh really racist"), Carl (34: „I'm talking about a racist experience. I have experienced it") und Jacques (196: „Ya ya, problem. Really problem") es jeweils tun. Die Menschen bleiben hier aber nicht stehen, sondern reflektieren und ziehen persönliche Konsequenzen. Zunächst diskreditieren sie die Person. Eine solche *Herabstufung* kann dann wie bei Patrick wie folgt aussehen:

> The man who make racist for me is/ is fool man. If you too, you make the same, you too, you are a fool man, you know. If/ you don't have to/ you don't have to spend your time with her, you know. (Patrick: 44)

Auch die konsequente *Meidung von rassistisch sich verhaltenden Personen* ist demnach eine gewählte Strategie, wie auch *Umkehrung des Rassismus* und *Selbstbefreiung* ergriffen werden: „There are some people who put in your mind, some Blacks that put in their minds, that White it's a danger. When you approach the White, he will be a danger for you. For me, nobody is a danger" (Joel: 48).

3.3 Bevormundeter Flüchtling

3.3.1 Das Stereotyp der Hilfsbedürftigkeit

Es wurde im Zusammenhang mit Rassismus herausgearbeitet, dass eine soziale Kategorie Wirkung für Menschen entfaltet, wenn eine Selbstzuordnung der Kategorie vorliegt (3.2.3). Demnach besitzt mindestens noch eine weitere soziale Kategorie Bedeutung für die Menschen: Die Kategorie *Flüchtling*. Nicht nur Samuel spricht beispielsweise von Geflüchteten immer betont in der Wir-Form: „Every day we refugees, we enter" (160). Auch Carl (172) versteht sich als Refugee und übernnimmt dabei – in Analogie zum Rassismus – bereits eine negative Konnotation ins Konzept: „I'm just an asylum seeker, what can I tell them!?" Es gibt Anlass, genauer danach zu fragen, mit welchen Bedeutungen diese Kategorie im Detail aufgeladen ist und welche Auswirkung dies für die Menschen hat. Patrick:

> Everybody say: „Oh refugee, refugee, refugee!" But I was very surprised I saw in TV, in news they say that refugees brings big phones, they have big phones, all refugees have big phones. Many people thinks all refugees, they are poor people.

Many many people thinks that. You are refugees, you are a poor man. You don't
have anything. They don't know that some people come they have money. Some
people come they are not have money. (Patrick: 160)

Was Patrick hier beschreibt ist vor allem die weit verbreitete Verknüpfung der
Kategorie Flüchtling mit dem *Stereotyp der Hilfsbedürftigkeit*, demzufolge sei der
Flüchtling ein „poor man." Das Stereotyp bezieht sich hier auf das „typical pictu-
res that comes to mind when thinking about a particular social group" (Dovidio,
Hewstone, Glick & Esses 2013: 7). Es kann wiederum als eine Art kognitives
Schema begriffen werden (Hilton & von Hippel 1996), welches die Wahrnehmung
und Deutung von Situationen strukturiert und anleitet.[8] Stereotype sind „associa-
tions and beliefs about the characteristics and attributes of a group and its members that shape how people think and respond to the group" (Dovido et al. 2013:
8). In seinem für die Sozialpsychologie mittlerweile klassisch gewordenen Werk
The Nature of Prejudice definierte Allport außerdem das Vorurteil. Dieses sei eine
„antipathy based on faulty and inflexible generalization" (Allport 1954: 9). Stereotype sind demnach insbesondere dann als Voruteile zu begreifen, „wenn Personen
auftreten - und in der Regel sind dies die Betroffenen -, die die Adäquatheit seines
Inhalts bestreiten" (Schäfer & Schlöder 1994: 81). Dies tut Patrick, wenn er herausstellt: „They don't know that some people come they have money. Some people come they are not have money." Er kreidet hier gleichzeitig die *Blockade der
Wahrnehmung von Verschiedenheit* hinsichtlich geflüchteter Menschen an. Allport
bemerkte dazu: „Die Kategorie tönt alles, was sie enthält, mit der gleichen Vorstel-
lungs- und Gefühlsqualität" (1971: 35). Vor allem die daraus folgende *mangelnde
Perspektivenübernahme* auf Seiten der Deutschen problematisiert Patrick:

B: Many German people they are no want refugee to come in Deutschland. I: The
Germans don't know WHY the refugees are coming? B: They are not want. I: They
don't WANT them to come. Many Germans. B: Yes, many Germans. For me it's
because if you tell/ if you talk to one German: „Please take the place of refugees,"
or if you want Germany take place of refugees, I think all German people will
accept refugees to come here. I: Ya, ok. Hm, so if the Germans take the role of a
refugee, to see through the eyes of refugees // then they // B: // Yeah! // I: change
their minds. B: Yes! (Patrick: 140–148)

---

[8]Das Ehrenamtliche Helfen erscheint vor diesem Hintergrund zumindest als ein zwei-
schneidiges Schwert. Zwar ist es auf der einen Seite moralisch hoch zu bewerten, dort zu
helfen, wo es der Staat nicht tut. Auf der anderen Seite wäre aber auch immer zu beachten, dass es Geflüchtete teils in eine passive Rolle von bloßen Empfänger_innen drängt, die
ihrer Selbstbestimmung eher im Weg steht.

3.3.2 Das Stigma *Flüchtling*

Das Vorurteil als Antipathie und negative Einstellung gegenüber den Menschen tritt im vorangegangenen Zitat sehr deutlich hervor. Patrick zu Folge „wollen die Deutschen die Flüchlinge nicht." Es liegt nicht bloß eine stereotype Sicht auf Geflüchtete, sondern vor allem auch eine *Abwertung der Kategorie* vor. Die Kategorie Flüchtling ist negativ aufgeladen.[9] Für die betroffenen Menschen hat die Kategorie dabei eine *essentialisierende Wirkung*. Das heißt, sie wird ganzheitlich auf die betroffene Person geladen. Die Wirkweise der Kategorisierung kommt einer Stigmatisierung gleich. Nach Goffman kann ein Stigma als die Verknüpfung eines Stereotyps mit einem Merkmal, welches diskreditierende Eigenschaften besitzt, verstanden werden:

> Ein Individuum, das leicht in gewöhnlichem sozialen Verkehr hätte aufgenommen werden können, besitzt ein Merkmal, das sich der Aufmerksamkeit aufdrängen und bewirken kann, dass wir uns bei der Begegnung mit diesem Individuum von ihm abwenden, wodurch sein Anspruch, den seine anderen Eigenschaften an uns stellen, gebrochen wird. Es hat ein Stigma, das heißt, es ist in unerwünschter Weise anders, als wir es antizipiert hatten (Goffmann 1967: 13).

Patrick ist davon unmittelbar betroffen:

> Maybe if you want to talk with one girl. Yes (unv.) very good. But if the girl know that you are refugee, everything is finish. The girl will say to you: „I don't want to speak with you English." „Why?" „Because you are refugee." (Patrick: 160)

Zwar kann Patrick das Stigma hier vorerst verbergen, aber er ist trotzdem grundsätzlich diskreditierbar.[10] Dies zeigt sich, als nach der Offenbarung des Stigmas – das Label *Refugee* – die soziale Interaktion umgehend von der stigmatisierenden Person beendet wird. Mit dem Stigma *Flüchtling* belegt zu sein kann immer solche Formen unmittelbarer sozialer Exklusion nach sich ziehen. Es kann aber auch bedeuten,

---

[9]Ein entsprechender *Anti-Immigration Bias* ist in der Sozialpsychologie breit erforscht (Wagner, Christ & Heitmeyer 2013).

[10]Goffman (1967: 56) unterteilt in Stigma der „Diskreditierten," bei denen das Stigma direkt sichtbar ist, und dem Stigma der „Diskreditierbaren." Für sie ist es möglich, ihr Stigma vorerst zu verbergen. Im letzteren Fall ergeben sich dann Möglichkeiten der Informationskontrolle über ihr Stigma gegenüber der sozialen Umwelt. So hält Patrick die Information, dass er ein Geflüchteter ist, zunächst zurück. Sobald er sich „offenbart," gerät jedoch das Stigma umgehend in Anwendung.

nicht mehr als individuelle Person, sondern nur noch über das Stigma vermittelt wahrgenommen zu werden. Paul erfährt ein solches *Reduziert-Bleiben als Flüchtling*. Zwar hat er schon unmittelbar nach seiner Ankunft angefangen, Deutsch zu lernen, allerdings bemerken selbst die Menschen, die er regelmäßig im Fußballverein trifft, seine hervorragenden und auffälligen Fortschritte nicht.

> **I:** Kannst du das vielleicht noch einmal erzählen (.) über deinen Fußballverein. **B:** Ähm, wir treffen uns jeden Dienstag. (.) Dienstag und Donnerstag, ich glaub. Wir treffen und wir zusammen trainieren, aber an der Anfang, wie gesagt, ich konnte keine deutsch, deswegen sprechen sie zu mir auf englisch und sie machen das bis heute immer. Also sie sprechen zu mir immer auf englisch. **I:** Ok, wie ist das für dich? **B:** Es ist so schlecht, aber was kann ich machen? Ich habe schon gesagt, ne ich will deutsch lernen, sie können zu mir auf deutsch spreche, jetzt kann ich ein bisschen deutsch, aber trotz/ aber sie vergessen immer, sie sprechen zu mir immer auf englisch. ((lacht leicht)) (Paul: 97–100)

Es ist hier demnach die Persistenz der Kategorie, welches wie das Nicht-ablegen-können eines Stigmas funktioniert, das zur Belastung für die Menschen wird. Wenn dazu der eigene *Wert über die Assoziation mit Deutschen erfahren* wird, kann dies extrem paternalistische Züge annehmen, wie Patrick es in gleich zwei Alltagssituationen erleben muss:

> **B:** For example äh some night club in Berlin. When you go they will say to you: „Please identity." When you remove your refugee äh identity, they will say, they no want you. BUT if you come/ if you come with one German, they will say: „Ok no problem." Yes, of course. **I:** Why of course? **B:** I don't know. That is also not good. If you go a new night club, if you go, they will say: „Identity." If you show your identity for refugee, they will say: „Not." (Patrick: 170–172)

> Here also you have specially one bank here äh/ here in Charlottenstraße who make transfer money in country. If you bring your refugees cards, she say: „We didn't send." But if you bring German with you: „We make it, no problem." (Patrick: 174)

Als Trigger und Offenbarung des Stigmas reicht hier einzig Patricks Ausweis. Vollständige – und vor allem eigenständige – soziale Akzeptanz wird ihm vorenthalten. Wie Goffman (1967: 7) dazu schreibt, das Stigma definiert die „Situation des Individuums, das von vollständiger sozialer Akzeptierung ausgeschlossen ist." Hingegen werde durch soziale Zuschreibung eine „beschädigte Identität," die in Differenz zu den „Normalen" steht, konstruiert.

3.3.3   Die Blindheit im Diskurs

Die vorangegangenen Zitate von Patrick zeigen auf eindringliche Weise das Wesen des Paternalismus auf. Paternalismus bedeutet, dass Menschen nicht mehr für sich sprechen können, sondern andere für eine_n sprechen müssen, um Beachtung und soziale Akzeptanz zu erlangen. Schon in der allgemeinen Strukturiertheit der Flüchtlingsdebatte ist dieses Nicht-für-sich-sprechen-können immanent. Zunächst herrscht in der Debatte *einseitige mediale Berichterstattung* vor. Joel: „Argh this story are very shock, the image are very shock, so the whole world know about this thing" (88). Er betont weiterhin: „It's very shock, the image, to see family with children suffering, because they want a better life" (88). Stereotype sind „transmitted through socialization, the media, and language and discourse" (Dovido et al. 2013: 8). So entfalten und stabilisieren sich demnach die Bilder des Flüchtlings als „poor man" erst. Es ist aber nicht nur die Art und Weise, wie berichtet wird, sondern bereits der Umfang der Berichterstattung ist relevant: „News and radio and TV. Everything talk about refugees. Every people talk about refugees" (Patrick: 138). Es ist ein *omnipräsentes Sprechen über Geflüchtete* zu konstatieren, was jedoch große Probleme für die Menschen bewirkt, wenn sie selbst nicht mitreden können. Carl:

> Each time/ each time in the news they are giving an information and they are show-ing hundreds of migrants, thousands of migrants and they are saying some stuff. It's really really important for us, because they are talking about us. Ya, it's really really important, but/ but you are there watching the news, who will you ask that: „Oh can you tell me what they are saying?" There is no one around. (Carl: 206)

Auf Nachfrage gibt Carl Einblick, was es für ihn bedeutet, keinen Zugang zum gegenwärtigen Diskurs – zur „Flüchtlingsdebatte" – zu haben. Ich könne es mir am Besten wie eine Art von Blindheit vorstellen:

> Ya, they are talking a lot. But I don't know what they are really saying. Ya, and I don't have anyone to explain it to me. So that's the problem. It's like I'm blind in it. Ya, so that is it. It's necessary, because they are talking about people like me. So I really need to know, but the problem is, I can't get it clear and I don't have anyone to explain it to me. So that makes me blind in it. (Carl: 204)

Blindheit bedeutet für Carl, abhängig und in letzter Konsequenz entmündigt zu sein. Er verfügt nicht über die Sprache um verstehen zu können, was über den Umgang mit und die Situation von geflüchteten Menschen wie ihm berichtet wird. Als Fremder hat er auch niemanden, die_der ihm mit Übersetzungen

Hilfestellungen geben könnte. Damit ist er nicht nur von einem Diskurs über ihn ausgeschlossen, der Zugang zu selbigem ist ihm geradezu komplett verunmöglicht. Jacques geht es sehr ähnlich: „I don't hear the news, because ähm newspaper I don't/ I don't äh read German" (200). Es bestehen daher auch keine Chancen, virulenten Stereotypen und Vorurteilen im Diskurs zu begegnen und sie gegebenenfalls zu korrigieren. Die Menschen erleben vielmehr eine besonders gravierende Form der Bevormundung: Es wird nicht nur über sie geredet, und sie können sich dagegen nicht mehr wehren. Sie wissen noch nicht einmal, *was* über sie geredet wird und gegen *was* sie sich wehren könnten. Carl klammert sich daher an das einzige, was ihm noch zugänglich ist – die Sprache der Bilder:

> It's really really interesting to be in a place and knows what's happening in it. But the problem is this language barrier. You know, even the newspaper/ ok look for example this book, ((lacht)) it's written in German. I may see that. Ok for example I see this picture, I will love it, wow it's beautiful, but I can not really/ I don't know what it says. Ya, you see? So at times, because I have TV in my room, at times when I'm looking, when I'm watching the TV and I'm watching news, I only look at pictures, that's all. (Carl: 198)

3.3.4 Gegenhandeln

Wie im obigen Zitat offensichtlich, wird von den Menschen reflektiert, dass u.a. ihr Sprachdefizit sie in eine solche unmündige Position zwingt. Der erste Schritt zur Selbstbestimmung ist daher für Jacques, Deutsch zu lernen, was deutlich macht, dass Sprache als Emanzipationsinstrument für die Menschen fungieren kann. Seine Motivation ist „to learn German. Ya. After to know how/ how the German speak about refugees" (52). Nur Spracherwerb könne auch das einseitige Sprechen-über und die Blindheit im Diskurs letztlich erfolgreich beenden: „When we speak German perfectly, we can read now the newspaper, we can äh/ we can ähm/ (unv.) the different news. The different thing" (Jacques: 222).

Es kommt zur *Abwehr der Kategorie* – zu Abwehr des Stigmas. Die Menschen lehnen eine universalistische Kategorie Flüchtling ab. Stattdessen führen sie zwei Gegenkonzepte an. Zunächst das *Gegenkonzept des temporären Lebenskontexts*. Patrick (160): „You know, there are many people born, that are not refugees. It's because of one situation, you be a refugee." Zentral ist hierbei das Auflehnen gegen die essentialisierende Wirkung des Stigmas. Eigenschaften den Personen an sich zuschreiben sei falsch. Stattdessen wird das Flüchtlingsdasein als etwas fokussiert, was nur einen vorübergehenden Lebensabschnitt darstellt, und auch innererhalb dieses Lebensabschnitts ist das Geflüchtetsein nur ein Aspekt unter vielen. Es ist wieder ablegbar, es ist vorübergehend, es ist nicht allumfassend bestimmend, es ist keine Form von Identität. Es wird also all das in Frage gestellt, was die Kategorie Flüchtling als Stigma ausmacht. Durch diese Abwehr wird die eigene Individualität zurückgefordert. Es wird auf das Recht bestanden, wieder eine Person – und nicht „der Flüchtling" – sein zu können. „Von der Definition her glauben wir natürlich, dass eine Person mit einem Stigma nicht ganz menschlich ist" (Goffman 1967: 14). Insbesondere diese Entmenschlichung des Stigmas lassen die Menschen nicht zu.

> **B:** Maybe you are refugee but, you are human. All we, we are human be. They say: „Ah da refugee refugee (unv.) cause problems." **I:** So they think all refugees are the same, all refugees are poor and/ **B:** Yes. For me if/ if/ you human be. Not have poor or rich. Everybody can be egal, you know? **I:** Everybody can be? **B:** EGAL. **I:** Egal? It/ it doesn't matter? **B:** It doesn't matter. **I:** Ya. So I understand you right that/ that's getting on your nerves that they say: „This are all refugees, they are all the same." And they don't look at the äh special person, of course they are different. **B:** For me, you are refugees, I'm refugees, you are no refugees. I'm not see the difference me and you, you know. But people who are not refugees, they are see difference, a refugees and here, because (unv.) refugees, I'm refugees we have difference. For me, I don't look as difference, because I'm human being, you are a human being. (Patrick: 160–168)

In einem solchen *Gegenkonzept Mensch* werden Differenzmarkierungen, die beschädigte Identitäten in Relation zu den angeblich Normalen entstehen lassen, obsolet. Geflüchtet oder nicht ist innerhalb eines solchen Konzepts schlicht keine Frage, anhand derer Identitäten verhandelt werden. Die grundlegende *Ablehnung der Funktion des Unterscheidungskriteriums* zwischen Menschen lässt nur eine einzige sinnvolle Kategorisierung zu: Mensch.

3.4 Verinnerlichte Arbeitslosigkeit

3.4.1 Internalisierung des kulturellen Werts der Arbeit

Wie bereits herausgearbeitet, weist sich Exklusion insbesondere am Arbeitsmarkt aus (1.2.3). Keiner der Geflüchteten geht einer bezahlten Arbeit nach. Erwerbsarbeit besitzt jedoch in Deutschland einen herausragend hohen Stellenwert. Sie ist nicht nur konstitutiv für die Selbstverwirklichung (Liessmann 2000), Erwerbsarbeit ist unlängst der „zentrale Schlüssel zur Erlangung von Integration und Einkommen, Identität und Anerkennung und zur Behauptung von Würde und Selbstachtung" (Thomas 2010b: 65). Arbeitslosigkeit hat in diesem

Zusammenhang gravierende psychische Kosten (Kieselbach & Beelmann 2006), worauf bereits die berühmten Marienthal-Studie (Jahoda 1983) hingewiesen hat. Außerdem sind Männlichkeit und Erwerbsarbeit traditionell eng miteinander verknüpft (Scholz 2008). Die Frage nach den Auswirkungen und dem Umgang der Menschen mit ihrer Arbeitslosigkeit erscheint daher unmittelbar relevant.

Auffallend ist zunächst, dass die Menschen die Orientierung des gesellschaftlichen Lebens in Deutschland am Wert der Arbeit schnell verinnerlicht haben. Paul, der den anfänglichen Kulturschock mittlerweile hinter sich gelassen hat, hat sehr genaue Beobachtungen angestellt und scheint die Menschen in Deutschland mittlerweile sehr wohl verstanden zu haben – d.h. er kann sie sich selbst zumindest wesentlich besser erklären als noch zu Beginn seiner Zeit in Deutschland:

> Ich glaube sie müssen arbeiten, arbeiten, weiter gehen. Alle Leute laufen immer nach der Straße, nach dem Bus oder so ((lacht leicht)) oder nach der Regio. Ja, ich glaube das ist/ das ist großes Problem. Also ich hab die Leute besser verstanden. Sie müssen arbeiten, deswegen hat sie keine Zeit/ haben sie keine Zeit. (Paul: 146)

Paul erklärt sich hier seine erfahrene soziale Missachtung damit, dass die Menschen immer auf dem Sprung zur Arbeit sind. Die Menschen würden demnach einem übergeordneten Imperativ folgen („sie müssen arbeiten") und hätten daher schlicht keine Zeit für andere Dinge. Der Deutsche, so Paul,

> muss pünktlich sein, deswegen will er keine Zeit verlieren, also nur eine Minute verlieren. ((beide lachen)) Die Leute, sie arbeiten zu viel und solche Dinge, ähm mag ich. Also ich mag, wenn jemand arbeiten will oder Lust zu arbeiten oder zu viel Arbeit, das mag ich. I: Das magst du, oder das/ B: Ja, ich mag. I: Also du willst auch, oder/ B: Ja, arbeiten. Ja, ich mag viel arbeiten. Das mag ich. I: Ok, aber trotzdem hab ich dich jetzt richtig verstanden, dass du es komisch findest und auch ein bisschen schade, wenn die Leute nicht stehen bleiben und keine Zeit haben? B: Ne, früher habe ich so gedacht, aber heute ich kann die Leute verstehen. Also es ist für mir heute kein Problem mehr. Ja. (Paul: 148–154)

Er findet damit eine Erklärung für und einen Umgang mit seiner Nichtbeachtung. Er „kann die Leute verstehen," es stellt für ihn „heute kein Problem mehr" da. Gleichzeitig hat er Erwerbsarbeit aber auch als normativ erstrebenswertes Modell für sich übernommen („Also ich mag, wenn jemand arbeiten will"). Somit hat bei Paul eine *Internalisierung des kulturellen Werts der Arbeit* stattgefunden. Innerhalb eines solch komplexen Prozesses sind *anfängliche Irritationen* über *Gewöhnung & Anpassung* einer *aktiven Übernahme des Arbeitsideals*, die gleichzeitig einen *selbstschützenden Umgang* darstellt, gewichen.

3.4.2 Restriktionen und Benachteiligungen am Arbeitsmarkt

Jedoch haben die Geflüchteten mit den unterschiedlichsten *Restriktionen und Benachteiligungen am Arbeitsmarkt* zu kämpfen, die sie strukturell von Positionen der Inhabe von Erwerbsarbeit fernhalten. Wir bereits beleuchtet (3.2.2.), kann insbesondere Rassismus bewirken, dass den Menschen der Zugang zum Arbeitsmarkt versperrt bleibt. So sei daran erinnert, wie die herausgearbeitete rassistische Figur *Black are only for cleaning and washing plates* Patrick ins Verharren innerhalb der prekären Situation von unbezahlten Kettenpraktikas führt. Dabei ist Patrick noch der einzige von den Menschen, der überhaupt einer Beschäftigung – wenn auch unentgeltlich – nachgeht. Alle anderen sind chronisch arbeitslos. Auch institutionell besitzt Rassismus eine exkludierende Funktion. Kollektive Benachteiligung bis zum Ausschluss der Gruppe der Geflüchteten spiegeln sich in einem entsprechenden Arbeitsverbot wider, mit dem viele belegt sind. Eine *fehlende Arbeitserlaubnis* ist sowohl bei Samuel (124: „I can't work without my document for here. I can't work paint for here without document") und bei Carl (86: „We don't have working permit. So we can not work, we can not do anything") der Grund für ihre Arbeitslosigkeit.[11] Damit zeigt sich, wie abhängig die Menschen von offiziellen Entscheidungen und der Bearbeitung ihres Asylverfahrens sind, bei dem es wiederrum vielfach zu starken Bevormundungen kommt. So wissen die Menschen selbst noch nicht einmal, wann sie überhaupt eine Arbeitserlaubnis bekommen könnten. Auf meine Nachfrage, ab wann Carl mit einer offiziellen Arbeitserlaubnis rechnen könne, antwortet er einzig: „I don't know. I really don't know" (88). Arbeiten ohne Arbeitserlaubnis ist für ihn in jedem Fall keine Alternative, während andere sich durchaus in diese Form von Illegalität gezwungen sehen:

---

[11]Die rechtlichen Grundlagen zur Ausübung einer Erwerbsarbeit von Asylbewerber_innen sind im Asylgesetz (AsylG) und Aufenthaltsgesetz (AufenthaltG) festgelegt. Nach AsylG § 61 Abs. 1 ist es Asylbewerber_innen während ihres Pflichtaufenthalts in einer Aufnahmeeinrichtung nicht erlaubt zu arbeiten. Nach Verlassen der Einrichtung und mindestens 3 Monate nach Stellung des Asylgesuchs haben sie einen nachrangigen Zugang zum Arbeitsmarkt. Nach AufenthG § 39 Abs. 1 kann ihnen eine Arbeitserlaubnis dann unter dem Umstand erteilt werden, dass keine vorrangig zu berücksichtigenden deutschen und privilegierten ausländischen Arbeitnehmer_innen zur Verfügung stehen – was jedoch nur äußerst selten eintritt, da meist die entsprechenden Personen zur Stellenbesetzung vorhanden sind. Die Erteilung einer Arbeitserlaubnis steht immer unter dem Vorbehalt der Zustimmung der Bundesagentur für Arbeit und der zuständigen Ausländerbehörde (AsylG § 61 Abs. 2). Menschen, bei denen aufenthaltsbeendende Maßnahmen anstehen und die sich im Status der Duldung befinden, ist die Ausübung von Erwerbsarbeit nicht erlaubt (AufenthG §60a Abs. 6).

You see, Germany, they have their rules and regulations. Ya, some guys maybe working without the working permit. But to me it's dangerous. I don't accept that. Ya because when you are caught (.) it's like you have to start from the beginning. So I just want to move on from where I am. I don't want to go backward. Ya some guys are working now without a working permit. Like they are working in some restaurant, some hotels. Doing things like cleaning. It's just to move on with life, you know. (Carl: 90)

Auch offener Paternalismus – die eigene *Abhängigkeit von deutscher Unterstützung* (siehe 3.3.) – spielt abermals eine Rolle. Jacques auf meine Frage, ob er versucht hätte einen Job zu bekommen:

> **B:** I tried, but you know here, when ähm job is ähm/ is ähm/ is not easy, because if/ if äh/ if you know/ if you know ähm/ if you don't have someone to/ to/ to bring you/ to bring you somewhere, it's äh nicht gut, ya. **I:** Ok. And right now you don't have someone to support you? You don't have? **B:** Hmm no. No. (Jacques: 158–160)

3.4.3 Erlernte Hilflosigkeit

Wenn die Internalisierung des kulturellen Werts der Arbeit erfolgt ist, gleichzeitig aber mit dem Verharren in der Arbeitslosigkeit zusammentrifft, kann dies zu einer besonders kritischen Situation für die Menschen führen. Um eine solche herauszuarbeiten, wird im Folgenden – in Abweichung vom bisherigen Vorgehen – eine besonders lange Interviewpassage am Stück zitiert. Daraufhin folgt eine ausführliche zusammenhängende Interpretation und Darstellung, der an dieser Passage entwickelten Kategorien. Eine solche Darstellungsform erschien sinnvoll, um das dahinterliegende Phänomen in seiner gesamten Komplexität und in verschiedenen Zusammenhängen auch abbilden zu können. Außerdem wurde es als wichtig erachtet, die sich hier zeigende besondere Dynamik des Gesprächsverlaufs mit einzufangen. Die Passage entstammt dem Interview mit Paul. Vorangegangen waren bereits Ausführungen von Paul, wie schwierig es für ihn als Afrikaner (3.2) und Asylbewerber in Deutschland sei, eine Arbeit zu finden. Ich frage ihn daraufhin, was er damit meint; ob er selbst schon einmal versucht hätte, eine Arbeit zu finden. Paul (55) dazu:

> Ähm (…) ich hab schon mal versuchen und ich hab keine Arbeit gefunden. Dann war so schwer. ((leise sprechend)) Ich hab auch ein Ausbildung versucht zu haben, aber zu machen? Und das hab ich auch (unv.). **I:** Du hast probiert eine Ausbildung in Deutschland zu finden? **B:** Ja. Hab ich nicht geschafft. ((leise sprechend)) **I:** Ähm, wo hast du das probiert? **B:** Hm, die Firma kenn ich nicht, aber ich glaube mit eine Frau, die in (juände?) (unv.) Arbeit versuch. Also ich glaube Jugendmigrationdienst.

((langsam sprechend)) Ja mit diese Frau haben wir zusammen versucht eine Ausbil-
dung zu/ zu finden. Dann das war so schlimm, wir haben nicht gefunden. I: Was war
daran so schlimm? **B:** Also das Problem war genau (.) ich bin nach Deutschland ohne
Zeugnissen und ich kann/ ich kann nicht eine Ausbildung ohne Zeugnis machen.
Das war genau das Problem. (…) Ich dachte warum machen sie nicht einfach ein
Probtest. Ein Probzeit zum Beispiel. Warum machen sie das nicht? Wir haben ein
CV, ein Lebenlauf/ ja wir haben ein Lebenlauf gemacht. Wir haben das gemacht. Ich
habe sowas gemacht, sowas gemacht, gemacht, gemacht, gemacht. Warum? (unv.)
Warum machen sie nicht ein Probzeit, ob ich diese Ausbildung machen kann oder
nicht. Sie mach/ sie sagen einfach: „Du bist erstmal Asylbewerber und du kannst
nicht/ du darfst das/ du kannst das nicht machen. **I:** Mhm ((bejahend)), hast du daraus, ähm, Konsequenzen gezogen, oder/ **B:** Ja, klar! Also wenn ich das hört, ich fühle
mich sehr schlaff, ich werde mutlos, ich hab keine Kraft was zu versuchen oder zu
machen. Also ich verliere alle meine Kraft, das kann ich sagen. Dann habe ich zu viel
Stress, ähm und frage mich, was soll ich machen? Was werde ich/ oder was werde
ich morgen machen? Mit meinem Studium, wie kann ich weiter studieren? Also solche frage ich. Solche Frage stelle mich sehr und (.) ich weiß nicht, wie ich/ also ich
weiß nicht wo die Lösung steht. **I:** Wo die was? **B:** Die Lösung. Lösung. Ich weiß
nicht, wo die Lösung steht. Wie kann ich da machen? (…) Ja. (…) **I:** Denkst du darüber immer noch nach? **B:** Tag und Nacht. (…) Tag und Nacht und/ (.) und ich fühle
mich sehr, sehr, sehr schlimm. ((leise sprechend)). Sinn/ wie kann ich das sagen? (…)
Also wenn ich daran denke, dann ich werde mutlos, ich verlier alle meine Kraft. **I:**
Und was machst du ähm dagegen/ oder machst du was, wenn du diese Gedanken
hast? **B:** Ja (.) wie gesagt, ist aber so schlecht, bis ich eine Psycholog kontaktiert
habe. Also ich mache eine Therapie. Und der Doktor, kriege ich bei ihm Medikamente. Ja, und dann er hat mir gesagt, du soll/ wenn du dich schlecht fühle, du soll
einfach schlafen gehen. ((lacht leicht)) Und nicht daran denken. Und dann ich hab
bei ihm Medikamente gekriegt und er rät mir zu schlafen. **I:** Er hat dir empfohlen
zu schlafen? **B:** Ja, Medikamente. **I:** Und klappt das? **B:** Hm (…) ja, wenn ich mich
schlimm finde, dann (.) will ich einfach schlafen ((leise sprechend)) und (.) ((lacht
leicht)) vielleicht morgen werde ich nochmal daran denken, aber ((lacht)) was kann
ich machen? (Paul: 52–70)

In dieser bedenkenswerten Stelle zeigt sich, wie sehr Paul die Erfahrung des
Scheiterns, eine Arbeit zu finden, verinnerlicht hat. Er ist zutiefst frustriert und
resigniert, nachdem er mehrere Misserfolge bei der Ausbildungs- und Arbeitssuche erfahren hat. Jedes Mal wurde ihm dabei die eigene Chancenlosigkeit und Ver-
geblichkeit schmerzlich aufgezeigt. Dabei hatte er bei der Suche sogar zunächst
noch die *institutionelle Unterstützung* von einer Frau vom Jugendmigrationsdienst.
Das *Problem fehlender Referenzen* („nach Deutschland ohne Zeugnissen") konnte
er mit ihr durch das Verfassen eines Lebenslaufs erfolgreich bearbeiten. Vor allem
aber hat er selbst sehr viel in die Suche investiert, er hat „sowas gemacht, gemacht,
gemacht, gemacht" und trotz dieser *großen Eigenanstrengung* hat es nie geklappt.
Sicherlich hätte er erwartet, dass es bei so viel eigenen Bemühungen, Willen und

wiederholten Versuchen früher oder später gelingen würde, eine Arbeit zu finden. Er erfuhr jedoch überhaupt keine positive Bestätigung für sein Handeln. Seine Anstrengungen führten zu keiner Konsequenz. Sie führten quasi kompett ins Leere. Jegliche Selbstwirksamkeit blieb dabei auf der Strecke. Pauls Scheitern, eine Arbeit zu finden, ist daher ein erlerntes Scheitern. Es führte zu Resignation und Selbstaufgabe – dem Einstellen all seiner Bemühungen. Arbeitslosigkeit ist für ihn daher wie eine Form von *erlernter Hilflosigkeit*. Nach der Theorie der erlernten Hilflosigkeit (Seligman 1979) ist vor allem die Nichtkontrollierbarkeit der Situation entscheidend – das Fehlen eines kausalen Bezugs zwischen eigenem Handeln und dem Umweltereignis. Paul erfährt, dass es irrelevant ist, ob er etwas unternimmt oder nicht, er wird arbeitslos bleiben. Die Folgen einer solchen Hilflosigkeit können sehr umfassend sein und sich sowohl kognitiv, affektiv wie motivational bemerkbar machen. Damit gestalten sich auch insbesondere die Übergänge von erlernter Hilflosigkeit in die Depressionen fließend (Seligman 1974; Beck, Rush, Shaw & Emery 1986). Bei Paul lässt sich eine solche umfassende psychische Belastungssituation ausmachen. Zwar sind weiterführende Interpretationen mit Vorsicht zu stellen[12], aber Paul offenbart in dieser Stelle insgesamt sehr deutlich, dass seine Hilflosigkeitserfahrung durchaus von globaler und stabiler Qualität[13] ist, was sich deskriptiv beschreiben lässt:

Am Anfang steht dabei sein *Nicht-Verstehen* der und ein *Sich-nicht-fair-behandelt-Fühlen* in der Situation („Warum machen sie nicht ein Probzeit, ob ich diese Ausbildung machen kann oder nicht?"). *Hilflosigkeit* und *Überforderung* machen sich außerdem bei ihm breit („Ich weiß nicht, wo die Lösung steht. Wie kann ich da machen?"). Sie sind begleitet von *Stressgedanken* und starker

---

[12]Insbesondere möchte ich nicht in eine Art Diagnose verfallen. Es lässt sich nicht sagen, ob Paul eine Depression bereits aus Kamerun „mitgebracht" hat. Es ist aber auf jeden Fall von einer Verschlechterung seiner allgemeinen psychischen Lage durch die Arbeitslosigkeit auszugehen. Dafür spricht allein die Tatsache, wie eng verwoben Paul hier beide Themen – Arbeitslosigkeit und psychische Belastung – miteinander diskutiert. Außerdem weist die Literatur (1.2.3) daraufhin, dass die Herausforderungen im Exil größeren Einfluss auf die psychische Gesamtsituation haben können als traumatische Erfahrungen im Heimatland oder auf der Flucht (Carsewell et al. 2011; Lindencrona et al. 2008; Miller et al. 2002; Schweitzer et al. 2011).

[13]Damit ist ein Muster von Attribuierungsprozessen gemeint. Die Gründe für die Nichtkontrollierbarkeit der Situation werden von Betroffenen entlang der Dimensionen *internal–external*, *global–spezifisch* und *stabil–variabel* erklärt (Abramson, Seligman & Teasdale 1978). Nur bezüglich der ersten Dimension kann Paul nicht abschließend eingeordnet werden. Er scheint in jedem Fall aber auch externale Begründungsmuster heranzuziehen, wie das *Nicht-Verstehen* und das *Sich-nicht-fair-behandelt-Fühlen* suggerieren.

Rumination („I: Denkst du darüber immer noch nach? B: Tag und Nacht"). *Kognitiv* ist Paul von der Hilflosigkeit stark betroffen. Seine Gedanken kreisen dabei vor allem um *existenzielle Zukunftsängste* („Was werde ich/ oder was werde ich morgen machen? Mit meinem Studium, wie kann ich weiter studieren?"), was einen starken *Verdrängungswunsch* in ihm auslöst („wenn ich mich schlimm finde, dann (.) will ich einfach schlafen"). Hierin ist auch eine gewisse *Verzweiflung* und *Erschöpfung* anklingend, denn immer, wenn Paul diese Gedanken hat, triggern sie besonders belastende *affektive* Zustände („Also wenn ich daran denke, dann ich werde mutlos, ich verlier alle meine Kraft"). Zu diesen negativen Affekten zählen insbesondere *Niedergeschlagenheit* („Dann das war so schlimm") und *Kraftlosigkeit* („ich verlier alle meine Kraft"). Dies geht bei ihm mit ausgeprägter *Antriebslosigkeit* und somit auch starkem *Motivationsverlust* einher („ich werde mutlos, ich hab keine Kraft was zu versuchen oder zu machen"). Die aktive Suche nach Arbeit hat er unlängst aufgegeben. Das Eingeständnis der eigenen *Wirkungslosigkeit* („aber ((lacht)) was kann ich machen?") bedeutet einen derart großen Niederschlag für ihn, dass er „keine Kraft was zu versuchen oder zu machen" mehr hat. Pauls Zustand lässt sich damit als „Gegenstück zur Entfaltung seiner Energie" (Ehrenberg 2008: 306) charakterisieren, was den Zustand einer Depression beschreibt.[14]

3.4.4 Gegenhandeln

Ein primärer Umgang mit der Arbeitslosigkeit besteht im Ausrichten des eigenen Handelns am *Vorbild des erfolgreich integrierten Immigranten*. Den Weg des erfolgreich integrierten Immigranten zu gehen, bedeutet zunächst eine ausgeprägte *Zukunftsorientierung* und das Anstreben einer *linearen Biografie*:

---

[14]Die gesamte Interviewdynamik kommt einem Hineinreden in die Depression gleich. Augenscheinlich besitzt diese Stelle für Paul eine starke Triggerfunktion seiner psychischen Gesamtsituation. Ein langes Nachgespräch wurde zur Klärung darauf verwendet, dieses gemeinsam aufzuarbeiten. Ich stand Paul auf seinen Wunsch hin auch darüber hinaus als Zuhörer seiner Geschichte zur Verfügung. Teilweise entstand dabei der Eindruck, als stelle sich eine Art „therapeutisches Setting" ein, welches nicht unüblich in Interviews mit Geflüchteten ist (Thielen 2009). Ich begleitete und unterstützte Paul in seiner Situation auch nach dem Interview. Ein späteres Telefonat mit Paul bestätigte mich in der Annahme, dass seine psychisch sehr belastende Situation fortbesteht: „Paul fühlt sich sehr schlecht, er berichtet, er habe Schmerzen. Er lehnt ab, sich gemeinsam mit mir zu treffen, weil er nicht rausgehen möchte. Er macht insgesamt einen sehr antriebslosen und schlechten Eindruck auf mich" (Feldnotiz: 28.08.2015).

„It's a long journey. You learn the language one year. Ausbildung three years. Starting working. ((lacht)) It's very long,“ wie Joel (188) berichtet. Einem solchen Konzept folgend, kann das Arbeiten gar nicht am Anfang stehen. Es bedarf Zeit und der erfolgreichen Bewältigung der davor zu durchlaufenden Schritte: Erst die Sprache, dann die Ausbildung, dann die Arbeit. Einen solchen zeitintensiven Weg sehen die Menschen als den einzigen „way to pass“ an. Hindernisse, die auf diesem Weg liegen, können laut Joel aus dem Weg geräumt werden:

> **B:** It's not easy, BUT it is a BATTLE. Life is a battle, yaaa LIFE IS A BATTLE. You have to battle. (.) It's not a problem for an immigrant. Ya. **I:** What is not a problem? For everyone life is battle or what do you mean? **B:** No, it's not a problem, because that is the way you have to pass. Ya. **I:** And you accept/ **B:** Yaa, you can not/ you can not run that way. You have to pass through that way. You have to learn the language, you HAVE to do something to change your situation. (Joel: 188–192)

Joels Ausführungen besitzen eine sozialdarwinistische Note. Ihm zufolge sei das Leben ein Kampf, den es gilt anzunehmen. Die soziale Welt ist in seiner Wahrnehmung nach dem Prinzip des *Survival of the Fittest* strukturiert. Reiners (2010: 221) zufolge ist dies bereits ein grundlegender Verarbeitungsmechanismus der Anforderungen von Eigenverantwortung der Arbeitsgesellschaft. Bei Migrant_innen, die am Arbeitsmarkt die geringsten Chancen hätten, würde es sich lediglich am offensichtlichsten einschreiben. Erfolg in der Arbeitsplatzsuche erscheint, einem solchen Muster folgend, weniger als eine Frage der Umstände, sondern eher als eine der eigenen Anstrengung. Es wird suggeriert: Wer kämpft, schafft es und kann seine Situation beeinflussen. Eine solche Haltung sei „not a problem for an immigrant.“ Die eigene Stärke, die Joel hier demonstriert, ist auch eine Auflehnung gegen Fremdbestimmung und Bevormundung. Strukturelle Schwierigkeiten werden in diesem Zusammenhang aktiv verneint:

> **I:** What do you think are the most important difficulties being an immigrant in Germany? **B:** In Germany? In fact in Germany we don't face many difficulties like in other country. Ya, in Germany they make the effort to give you a way to sleep. They make the effort to give you a little money to eat with it. So what you have to do now is just to/ to/ if you are intelligent, you can make yourself somebody in the society. Now you have to integrate yourself in the society. If you want to integrate yourself, you have to learn the language first. **I:** And you would say, if you want it, then you can get it, then there are no borders or/ **B:** NOOO, no, no, no, no, no ((sehr laut sprechend)) there are no borders! Because/ because we have seen Blacks that have passed through that way, why not you!? We have seen refugee

that have passed through that way, we have seen stranger, that have passed through that way, why not you!? You see that is possible! You say: „Yeah you can do it!" (Joel: 83–86)

Joels Orientierung am erfolgreich integrierten Immigranten kommt hier einem *Integrationsimperativ* gleich („you have to integrate yourself in the society"). Mehr noch: Er wird in dieser Stelle zum Prototyp dessen, was Bröckling (2007) zeitgenössisch einen „Unternehmer seiner selbst" nennt. Dies wird am offensichtlichsten, wenn Joel betont, dass „if you are intelligent, you can make yourself somebody in the society." Beim Unternehmer seiner selbst handelt sich um ein typisches Verhaltensmuster, welches sich durch die gesteigerten Ansprüche aufdrängen, die sich im Zuge der neoliberalen Umgestaltung der kapitalistischen Gesellschaftsform ergeben (1.2.5). Was der neoliberale Diskurs hier bewirkt: Er „bringt Flexibilität mit Effizienz und Produktivität in Zusammenhang und macht aus Unsicherheit ein positives Prinzip kollektiver Organisation, die fähig sei, effizientere und produktivere Handelnde zu erzeugen" (Borudieu 2001: 32). Zu einem solchen Orientierungsmuster gehört die *Ausblendung struktureller* Probleme („In fact in Germany we don't face many difficulties"; „NOOO, no, no, no, no, no ((sehr laut sprechend)) there are no borders!") an dessen Stelle eine personalisierende Zuschreibung, das heißt vor allem der Appel an die Eigenverantwortung tritt („you HAVE to do something to change your situation"). Joel (50-52) betont weiter: „You see, in the city, it depend on the way you make yourself," um daraus zu folgern: „When you are straight, when you are clever, you not have problem." Ob es letztlich gelingt, eine Arbeit zu finden, scheint demnach lediglich eine Frage der eigenen „Cleverness" und des Willens zu sein. Joel muss zwar seinen Sprachkurs selbst bezahlen, doch sei dies kein Problem für ihn, denn schließlich wisse er, was er wolle: „I have to pay on my own, but that is not a problem, because I know what I want" (72).

Das Vorbild des integrierten Immigranten, der es bereits geschafft hat und erfolgreich in Arbeit vermittelt ist, ist auch bei Carl präsent. Er orientiert sich ebenso an jenem vorgezeichneten „way to pass." Das kennzeichnende Beiseiteschieben struktureller Probleme liegt bei ihm jedoch eher in Form eines *Akzeptierens von Missständen*, denn als aktive Ausblendung vor. Carl (114): „So it is said that we have to be able to accept whatever thing that comes our way. So I have to accept it, ya."[15] Nichtzuletzt ist der Unternehmer seiner selbst stets anpassungsfähig. Er ist ein

---

[15]Kennzeichnend dafür ist auch die Art und Weise, wie er Rassismus addressiert (3.2.5): „The racist thing is none of my business. Ya, it's none of my business. Because people have been in it and they have accept it. So it's none of my business" (Carl: 218).

„flexibler Mensch" (Sennett 1998). In diesem Zusammehang kommt es zur *Umorientierung für einen beliebigen Job*:

> **B:** When I was in Africa I wanted to become a lawyer. But now äh I've changing my mind. Because äh with my age and the time going (.) pffff (.) I have to learn a job, maybe Ausbildung, so I can quickly have money. Because to be a lawyer, it will take a lot of time. Maybe seven, eight years, nine years. To become a good lawyer. **I:** To become a good lawyer, and THEN you can earn money, but for this seven years/ **B:** Ya, that's the problem! You can't earn money for this seven years, but BY THE WAY (.) you are coming out from/ you are living with friend, you can not just be living in the hand of the sociale for seven years, oh my God! ((lacht)) Ya, if you learn a job, sociale can tell you go and have a job somewhere. You know, they're handing 300 Euro. Maybe you can earn 500 Euro, 700 Euro, if you learn a job. Ya, you can earn 700 Euro. Now you can live by yourself. (Joel: 168-170)

Eine solche flexible Anpassung ist jedoch vielmehr erzwungen als alles andere. Die Menschen versprechen sich damit die *Ermöglichung von Unabhängigkeit* und eine Beendigung des Abhängigkeitsverhältnisses vom Sozialamt – und zwar schnellstmöglich. Es ist mithin die Versprechung auf das „schnelle" eigene Geld, für die weitreichende Abstriche, was das eigene Bildungsniveau betrifft, gemacht werden.

3.5   Eingesperrtes Leben

3.5.1   Räumliche Isolation

Nachdem die Menschen in Deutschland angekommen sind, berichten sie von einem vielfachen Hin- und Hergeschickt Werden, welches die erste Zeit in Deutschland prägt. Nach der Verteilung auf das Bundesland gemäß des *Königsteiner Schlüssels* (BAMF 2016a: 13) müssen die Menschen mindestens 3 Monate in der zugeteilten Einrichtung bleiben. Im Asylgesetz (AsylG) ist festgelegt, dass sie nach § 56 in dieser Zeit einer *Residenzpflicht* unterliegen. Das heißt, sie dürfen sich nur innerhalb des jeweiligen Bezirks der Ausländerbehörde bewegen. Erst nach Ablauf dieser Zeit ist es den Menschen erlaubt frei innerhalb von Deutschland zu reisen (AsylG § 59a). Wenn gemäß AsylG § 59b jedoch „konkrete Maßnahmen zur Aufenthaltsbeendigung" bestehen, bleibt die Residenzpflicht bestehen. Dies kann Menschen mit einer Duldung betreffen. Joel beschreibt dieses Prozedur wie folgt:

> You put your fingerprint and seek for asylum. Ya, to have the Ausweis you have to go there. (…) Ya, to enter the system of German. Before having an Ausweis you have to go to Eisenhüttenstadt. If you don't go there, they say you're illegal. (…)

> There everybody spend three months. According to the law, you have there three months before they send you out. Only be in one Heim. (Joel: 24)

Es ist diese *Herausforderung der Mobilitätseinschränkung*, mit der die Menschen stark zu kämpfen haben und die im Fall von Joel einer Einsperrung gleichkommt. Er wurde zunächst in ein Heim in ländlicher Peripherielage untergebracht. Dort war es ihm jedoch

> too CALM! It is a village. It is not a town. Potsdam is a Brandenburg capital. You know what they call a capital? A capital of a town like Berlin. Very hot. People move up and down. But there the village, one person pass. ((lacht)) It's very calm, it's not good for a young man. Yaa, really it's not good for young man. A young man who wants to realize his dream .... Ya, maybe there/ there we don't go to school. Ya, there/ there is no school. Ya, imagine how can you still live without going to school? Or if you even go to school, all you can do, go to school, come back and eat and sleep. No Internet, no Facebook. That's not normal. (Joel: 26–34)

Joel erfuhr in dieser Zeit eine sehr starke *Einschränkung von Lebensqualität & Zukunftsambitionen*. Er benutzt eine *Dorfmetapher*, um vor allem die *soziale Stille* zu beschreiben, die eine der größten Herausforderungen für ihn darstellte. Es steht ganz offensichtlich seiner grundsätzlichen Orientierung an sozialer Aktivität vollkommen entgegen (3.1.1). Hinzu kommt die institutionelle Exklusion – der *Ausschluss von Bildungs- und Kommunikationsinfrastruktur.* Sie wäre wahrscheinlich für jeden in Deutschland lebenden Menschen nicht nur „not normal," sondern schlicht vollkommen unvorstellbar. Joel konstruiert sich während dieser schwierigen Zeit eine *positive Utopie*: Den *Sehnsuchtsort Stadt*, welcher durch das pulsierende Berlin verkörpert wird („A capital of a town like Berlin. Very hot"). An diesem Ort kann Joel dem Eingesperrtsein im Dorf entkommen. Er kann frei sein, was für ihn bedeutet: *Soziale Sättigung*, die *Ermöglichung von Interaktion* und die *Ermöglichung von Mobilität*:

> Here in the city you have people to interact. You can buy a ticket, a monatcard, you go to Berlin, you come back, you go to Charlottenburg, return. You see? At a/ maybe at six o'clock you are tired, now you can sleep well. But in the village, in one day you can take the bicycle and turn all around village. ((lacht)) (Joel: 34)

Immer noch mit der *Herausforderung von räumlicher Abgeschiedenheit* zu kämpfen hat Jacques, der in einer Brandenburger Kleinstadt außerhab von Potsdam untergebracht ist, und für viele Dinge extra nach Potsdam einpendelt und lange Bustouren täglich auf sich nimmt. Gerne würde er dauerhaft in Potsdam wohnen, was ihm jedoch bis zum jetzigen Zeitpunkt verwehrt geblieben ist:

„I would like to stay in Potsdam, because it's a/ it's good. Because it's not far.
It's not like far like Großbeeren. Großbeeren/ when I go back to Großbeeren,
I take just bus bus bus bus bus. Bus. Yeah" (Jacques: 38). Wenig verwunder-
lich ist daher, dass Menschen, die in Potsdamer Geflüchtetenunterkünften
untergebracht sind, ihre Situation einzig schon aufgrund der Lage per se als
gut bezeichnen. Sie wissen sehr wohl, dass sie sich – verglichen mit anderen
Geflüchteten – in einer Art privilegierten Situation befinden. Patrick, der mittlerweile in einer sehr zentral gelegenen Unterkunft in Potsdam wohnt:

> **B:** The situation of location of the Heim is ok, because I/ I go to another Heim. To
> look in. (.) I going to/ I go to another heim to look as the Heim be. I think äh our
> Heim here is very good, because is/ it's center in the city. When/ maybe when you
> are come here, it's very difficult to you to know äh that is a Heim. Because we are
> living together with äh German people. Äh you are not/ äh for example Hennings-
> dorf. Henningsdorf yes had/ äh have one/ one Heim, BUT every time is closed. Peo-
> ple are äh/ are like in jail, you know? **I:** Hm ya, I don't really ähm get this, can you
> try to/ **B:** People/ people are/ are like in the prison **I:** In Henningsdorf? **B:** In Hen-
> ningsdorf. **I:** Why? **B:** Why, because äh gate and every time if you want to enter,
> somebody have to look, yes. (Patrick: 88–94)

Das, was Patrick hier über das ihm bekannte Heim in Henningsdorf als „jail" und
„prison" beschreibt kommt zweifelsohne jenem „allumfassenden Charakter" einer
totalen Institution nahe, der symbolisiert wird „durch Beschränkungen des sozialen Verkehrs mit der Außenwelt sowie der Freizügigkeit, die häufig direkt in die
dingliche Anlage eingebaut sind wie verschlossene Tore, hohe Mauern" (Goffman
1973: 15). Allerdings: Patrick selbst muss dies nicht selbst erleben. Die räumliche
Abgeschiedenheit führt – wie am Beispiel von Joel und Jacques aufgezeigt – zu
teils sehr starken Einschränkungen der Lebensqualität. Allerdings ist ein Begriff
der totalen Institution, der einzig an Peripherielage und Mobilitätseinschränkung festgemacht wird, empirisch nicht in Gänze haltbar, denn dann wäre kaum
Gegenhandeln mehr möglich, welches die Menschen jedoch finden (3.5.7). Es
zeigen sich dafür weitere zentrale Eingriffe in das Alltagsleben der Menschen.

3.5.2   Fremdbestimmtes Wohnen

Der Wohnalltag in den Unterkünften ist für die Menschen von vielen Herausforderungen begleitet, die sich meist überlagern. Zunächst spielt die *Einschränkung der Privatsphäre* eine zentrale Rolle. Joel berichtet, dass er sich

ein Zimmer zu viert teilen muss: „There I have/ we share the room. There four in one room" (180). Er kommt damit überhaupt nicht zurecht: „I can not live like that" (186). Besonders belastend wird eine solche Wohnsituation, wenn zu dieser „Erosion der Privatsphäre" (Pieper 2012: 77), auch noch die *Herausforderung von kultureller Verschiedenheit der Mitbewohner_innen* hinzukommt.

> It's very difficult to live with äh somebody who/ who you are don't know together. It's very difficult, because äh the thing you like, maybe he don't like. You know, it's different, it's very very/ (.) the room is too small. The first. Then two people. You know, if you are not/ you are not äh very very friendly, you can get problem. Every time. Yes you have to be very very friendly with your roommate, before you can live together better. (Patrick: 86)

Die *Unvertrautheit mit anderen Kulturen* erfordert für Patrick hier eine aktive Anstrengung, um ein einigermaßen funktionierendes Zusammenleben überhaupt zu gewährleisten. Patrick besitzt aber auch überhaupt *keinen Einfluss auf die Zusammensetzung* der Zimmernachbar_innen. Es ist das, was Pieper (2012: 77) als das „zwangsweise Miteinander der BewohnerInnen und ihrer Lebensweisen" in seiner Feldforschung herausgearbeitet hat. Mit einer solchen Zwangsgemeinschaft muss Patrick sich aber letztlich arrangieren:

> Before I have äh as a roommate my friend, but now I have a new one. He is Pakistanis. Don't know Pakistanis, so I don't know. I have little bit difference. Yes yes, I have to try to know äh what/ what äh he like or what he no like. Ya, that's the problem. (Patrick: 86)

Durch die Anstrengung der Menschen funktioniert eine solche Zwangsgemeinschaft in den meisten Fällen. Jedoch ist das Zusammenleben dann rein zweckmäßig. Schon aufgrund *mangelnder gemeinsamer Sprache* findet Kommunikation kaum statt. Wie Carl es beschreibt, wird sich vielmehr im wahrsten Sinne des Wortes gegenseitig in Ruhe gelassen, ein Zusammen*leben* im eigentlichen Sinne findet nicht statt:

> Most of the time we don't communicate, because we can't say anything. Because he doesn't speak English very well and he always speak Arabic and German, but I can speak English and French. So you see, we can not like/ ((lacht)) like walk together. So I'm always alone, if I'm not browsing with my phone. (Carl: 158)

3.5.3   Soziale Isolation

Das obige Zitat von Carl verweist auf ein ganz grundsätzliches Problem. Das Wohnheim ist keinesfalls der Ort, an dem reger sozialer Austausch und die Knüpfung sozialer Netze schnell voranschreitet. Dies wäre jedoch gerade aufgrund der erfahrenen Fremdheit im Umgang mit Deutschen sehr wichtig. Mit seinen Mitbewohner_innen kann Carl schon aufgrund der fehlenden gemeinsamen Sprache nichts unternehmen. Er ist „always alone, if I'm not browsing with my phone." Er ist sozial isoliert. Dieser Zusatz ist bezeichnend, kann aber durchaus so verstanden werden: Er ist immer allein, außer er widmet sich seinem Handy. Offenbar stiftet das Handy hier eine Art virtuelle Ersatzbeziehung. Über das Handy lassen sich Kontakte mit Menschen aufrechterhalten, von denen Carl in der Unterkunft isoliert ist. Sie ist kein soziales Zentrum, sondern vielmehr ein Ort, von dem aus Kontakte außerhalb der Unterkunft versucht werden aufrecht zu erhalten. Dafür ist das gegenseitige *Sich-in-Ruhe-lassen* zunächst zweckentsprechend:

> Since I have been there, everyone is minding his own business. Nobody like/ no one can bump into you. Like someone can just abuse, or someone can just be envy you, no. There everyone is minding his own business. You see, even when I'm in the office. Because at times when I feel very bored in my room, I come down and go to the office, like because there are people just sitting there. Ya I will just go there, just sit there, I will be browsing my phone, it's like when you are there, nobody (.) is like saying that: „Ey this person is here." No, nobody have your time, so I love it that way. I love to be in a place, that everyone mind his own business. Ya, so living there (.) to me, I like. Ya, I like the way it is. Because even the roommate are doing their own stuff, I'm doing my own stuff. So it's ok. I like it that way. (Carl: 190)

Da die Unterkunft hier als Ort innerhalb dessen „everyone minds his own business" erscheint, kann sie als das verstanden werden, was im Anschluss an Augé (1994) als ein Ort des Übergangs als ein *Nicht-Ort* diskutiert wird (Hirschauer 1999; Paris 2001; Reuter 2002). An Nicht-Orten ist „Anonymität ... und Vereinzelung ... wesentlich eine Folge der unausgesprochenen Norm eines Sich-wechselseitig-in-Ruhe-Lassens" (Reuter 2002: 118). Nicht-Orte sind zwar „Räume, die aufgrund ihrer physischen Enge Zugehörigkeit nahe legen," dennoch würden die Menschen „es schaffen, sich konsequent als nicht-zugehörig zu behandeln ... ohne einen asozialen Raum zu konstituieren" (Reuter 2002: 117). Carl schafft sich hier demnach „ein persönliches Territorium zur Vermeidung von Zudringlichkeit aber auch Respektierung der anderen" (Reuter 2002: 118). Zu den anderen Menschen an diesem Nicht-Ort hat er dann lediglich eine „Beziehung der

Beziehungslosigkeit, deren Ordnung vor allem durch Unterlassen, das Vermeiden von Störungen, konstituiert wird" (Paris 2001: 711). In Anlehnung an ein solches Konzept des Nicht-Orts spricht Pieper (2008: 18) auch von Asylunterkünften als „Nicht-Wohn-Räumen."

Vereinzelung lässt sich außerdem als Quantität von sozialer Isolation in den Blick nehmen – „als Verlust oder Fehlen von Beziehungen" (Kronauer 2002: 168). Während die Qualität sozialer Isolation sich an einer „Konzentration der sozialen Beziehungen auf Menschen in gleicher, benachteiligter Lage" ausweist. Für die Menschen ist dies im Detail zutreffend. Carl ist mit genau jenem „Fehlen von Beziehungen" konfrontiert: „There is no one there, no like/ honestly I really don't have a friend in Germany" (168). Dabei ist es nicht so, dass er keine deutschen Freunde haben möchte: „But for now I don't have any friend that is a German person. Ya. It's not that I don't want to, it's just that I don't have them now." (100). Im Gegenteil, er mag es generell, sozial eingebunden zu sein, wie er betont: „I like being associated with people, you know" (154). Allerdings sind die einzigen Menschen, zu denen er in Deutschland Kontakt hat, Geflüchtete aus Kamerun, die im Kontext von Refugees Emancipation zusammenkommen: „Those are the people I know in Potsdam. I don't know anybody" (96). Bei Samuel verhält es sich genauso. Auch er würde gerne Freunde haben. Er betont: „I LIKE to get friend" (36). Jedoch hat auch er nur engeren Kontakt zu Paul aus Kamerun: „I don't have other friend, I only just have Paul. I don't know anybody here. Only them aus Cameroon, people the is here" (32). In diesem Zusammenhang ist der Umgang mit der sozialen Isolation nicht immer leicht – ganz im Gegenteil: Samuel fühlt sich wie in einem Gefängnis: „I feel like PRISON, cause I no fit talk with person" (52). Wie ein Abwesender nimmt er in einer solchen Gefängnissituation seine Umgebung wahr: „I feel like PRISON. Sometime I go schidon for house, I no fit comot, if are comot I go Potsdam look look, people them pass, come back. (…) No ok. ((leise sprechend))" (56). Besonders die fehlende Sprache zwingt ihn in diese Nicht-Teilhabe – eine Passivität, die einer *Nicht-Erfüllung der sozialen Bedürfnisse* gleichkommt.

3.5.4 Nichtstun, Warten & Sinnverlust

Es ist aber noch ein anderer Fakt, der Samuel das Gefühl der Gefangenheit gibt. Es ist das, was in „I go schidon for house" anklingt und Jacques (164) mit „every time home home home" meint: Die Menschen bleiben die größte Zeit zu Hause in der Unterkunft und sind dort zum *Nichtstun* genötigt.

B: Man, Human being, no suppose to sit down like this, di wait every thing for house. Suppose to comot you find. **I:** I don't/ I/ (.) hm (.) I don't get it really? **B:** I say a MAN! A human being. No supposed to sit down in the house. Just sit down in the house, not do anything. Nothing. You feel like prison! If you de prison, you not fit do anything. You just sit down. **I:** So/ ya so every human wants to do something, of course. **B:** Ya. Supposed to do something. (Samuel: 60–64)

Die Gefängnismetapher entspringt demnach ebenso der Tatsache, dass Samuel nichts weiter zu tun hat, als „just sit down" und „wait every thing for house." In der Arbeitslosigkeit, in der sozialen Isolation und in der Mobilitätseinschränkung bleiben die Alltagsaktivitäten der Menschen auf ein Mindestmaß reduziert. Aufstehen, Essen, Schlafen werden zur umfassenden Lebensbeschreibung. Dies betrifft Paul:

I: Wie ist denn dein Leben dann hier (.) in Potsdam? **B:** Ähm, also ist immer/ (.) ich weiß nicht, ob routin ist eine deutsche Wort? Immer routin. **I:** Routine? **B:** Also, du jeden Tag genau das gleiche/ also gleiche Dinge jeden Tag machen. (Paul: 75–78)

Es betrifft ebenso Joel (34: „All you can do, go to school, come back and eat and sleep"), Jacques (134: „Ya, stay/ stay home äh sleep ähm eat. It's very/ it's very diff/ difficult for me now") und Carl:

I don't have anything to do. Like for now, I'm always at home. How can a man of my age/ I'm 25 years old, ya. I get up in the morning, take bath. Dress up. Sit at home right up to the next day. Sometime when it's boring, I'll have to go out in the streets, take a walk. So ((lacht leicht)) it's really really really tough. Ya, it's really really tough. (Carl: 36)

Diese *inhaltsleeren Alltagsroutinen* tragen in sich keinen Sinn. Die Menschen können mit ihnen keinen Einfluss auf ihr Asylanerkennungsverfahren nehmen oder ihr Ankommen in irgendeiner Form beschleunigen oder angenehmer gestalten. Im Gegenteil: Gerade aufgrund der gefangenen Lebenssituation im laufenden Asylverfahren sind sie auf diese zurückgeworfen. Die inhaltsleeren Alltagsroutinen verweisen lediglich darauf, *noch irgendwie da* zu sein. Mit der Vorstellung dessen, was es bedeutet zu *leben*, haben sie eher weniger zu tun. Unweigerlich stellt diese Situation eine *persönliche Belastung* für die Menschen dar. Sie ist nicht nur eine komplette Umstellung der Art zu leben, wie Carl betont: „When I was in Cameroon I was working. Ya, I was not just getting up, sitting at home all day. No, I was working" (68). „Just sitting at home all day it makes a man goes crazy, you know. And I have to wait from now till next year" (82). Es bedeutet vor allem Entfremdung und Demütigung. Letztere tritt Goffman zu Folge immer dort auf, „wo das Individuum gezwungen ist, einen täglichen Lebenszyklus zu durchlaufen, der ihm fremd erscheint – also eine desidentifizierende Rolle zu übernehmen" (1973: 32). Patrick, für den sich an einer solchen Lebenssituation auch nach über einem Jahr nur wenig geändert hat, berichtet, wie sehr diese Desidentifikation und der *Sinnverlust* bei ihm schon fortgeschritten sind. Für ihn ist dieser Zustand unlängst zur *Zeitverschwendung* geworden:

> Yes, it was for me the same. Eat. And sleep. Eat. And Sleep. ((leise und bestimmt sprechend)) It's very difficult for somebody who every time works, then one time sleep and eat. Six months. One year. Don't do anything. It's very very difficult. It's very very difficult. Then maybe some people like it. Maybe. But me? Especially me, I didn't like all this time, because I saw that I spending my time for nothing. (.) Yes, since when I'm here in Germany, I don't know what's going wrong with me. I look, yes, one year and five months in Germany. Nothing specially good for me. Yes. Just wait. You have to wait, you know. It's just looking as you are spending your time. (Patrick: 114)

Ein solch belastender *Zustand des Wartens* ist generell kennzeichnend für die gesamte Phase des Asylanerkennungsverfahrens.

> **B:** When I come here the more importance for me, it was to make a/ a new life. Yeah, but äh since I came here, I didn't get no chance here to make a/ a new life. I don't know why/ I don't know if I will stay in Germany or not, that is very long time for äh waiting. **I:** So ähm, if I can interrupt. You don't know if you CAN stay or you don't know if you WANT to stay? **B:** I don't know if I will stay or I will not stay. Yeah, because I'm in asylum procedure. Ya, then I'm still waiting. (Patrick: 48–50)

Hierin wird deutlich, wie sehr Patricks langes Warten auf die Klärung seiner Zukunftsperspektive einer Einsperrung gleichkommt. Es kommt zur *Verwehrung eines neuen Lebens*. Gleichzeitig kann Patrick aber auch nicht mit seinem alten Leben endgültig abschließen. Die Zukunft hält immer noch die Option offen, in das alte Leben, welches er versucht, hinter sich zu lassen, zurückkehren zu müssen.

3.5.5 Bedrohte Zukunft

Im obigen Zitat äußert Patrick: „I don't know if I will stay in Germany or not." Eine solche *chronische Unsicherheit der eigenen Bleibeperspektive und Zukunft* beschäftigt alle Menschen sehr stark. „I'm thinking about my life and my future. Because it's like here in Germany (.) my future is not guarantee" führt Carl (158) aus, und auch Jacques (100) betont: „If äh government Germany tell me to go back to Greece or to stay, I don't know." Die Menschen müssen mit ihren Zukunftsperspektiven aber nicht nur in chronischer Unsicherheit, sondern auch in vollster

Abhängigkeit von Regierungsentscheidungen leben. Gegenüber den letztlich getroffenen Entscheidungen in ihrem Asylverfahren sind sie machtlos, wie sich unlängst Patrick eingestehen musste: „B: If the German can say that you can not stay, you can not make power with government. I: You can not what? B: Make power. You can not fight with äh government" (132–134). Ein solches *Eingeständnis der eigenen Machtlosigkeit* kann zu Ohnmachtsgefühlen führen. Die *Intransparenz* von Seiten der Regierung verstärkt dabei potientiell die eigene Ungewissheit und das Gefühl eingesperrt zu sein: „Since when I'm waiting yet äh they didn't talk anything, just said to me: ‚Just wait.' Ya" (Patrick: 52). Pieper (2012: 77) hat bereits deutlich gemacht: „Das Handeln der Behörden erscheint undurchschaubar und willkürlich und verhindert jegliche Lebensplanung," was zu eben jenem Erleben der eigenen Situation als „offenes Gefängnis" führen könne. In dieser ungewissen, eingesperrten Lebenssituation ist vor allem die *Angst vor Abschiebung* groß.

> If ähm government German want to/ want to ähm take me and to go back to/ to/ to/ ((stottert)) to my country is/ is äh is äh not good, because I have/ I have ähm many problem. I have MANY problem. I have many problem in/ in my country. When we have a problem with äh/ with ähm government, someone to government, it's not good. I have my/ hm I have äh four or five friend ähm äh two/ two äh it's äh disable, three ähm ähm/ ya or kill him. I don't know how to kill him, just/ just to see he died. Died. Cameroon is not äh good ähm like the/ the government/ the government ähm to Germany think it's Cameroon good. It's äh/ it's not good. (Jacques: 226)

Jacques fürchtet hier die Zurückschiebung in die lebensbedrohlichen Zustände, aus denen er – wiederum unter lebensgefährlichen Umständen – erst kürzlich geflohen ist. Die Bilder vom Tod und Mord an seinen Freunden hat er mit dem Gedanken an Abschiebung sofort wieder vor Augen. Auch verweist er darauf, wie fahrlässig es von Regierungsseite sei, Kamerun als „good" einzuschätzen.[16] Wie Oulios (2013: 38) dokumentiert hat, können die psychischen Belastungen und die

---

[16]In Kamerun wird Homosexualität mit einer mehrjährigen Gefängnisstrafe geahndet. In den Nachgesprächen berichteten mir die Menschen außerdem oft ausführlich von der Unfreiheit, die sie dort insbesondere aufgrund der grassierenden Korruption erleben mussten. Samuel: „Many people in Cameroon them do go school, them get many diplom but them can't work. They no fit work, because the people way there up. Yes, the people way there up. Na them di do everything. We we don't get anything. Political problem too much" (166). Jacques berichtete mir vom Mord an seinen Freunden und der konkreten Bedrohung seines Lebens aufgrund der Zugehörigkeit zur politischen Oppositionsbewegung. Staatsoberhaupt Paul Biya ist seit 34 Jahren in Kamerun durchgängig an der Macht. In mehreren EU Ländern wird Kamerun als ein „sicheres Herkunftsland" geführt. In Deutschland bisher nicht, Abschiebungen bei abgelehntem Asylantrag werden jedoch durchgeführt (Pro Asyl 2015).

Angst vor Abschiebung bei vielen Menschen so groß sein, dass sie bei ihnen mit einer deutlichen Erhöhung der Suizidgefahr einhergeht (Oulios 2013: 38).

Bei Paul ist das Thema Abschiebung nicht nur eine potentielle, sondern eine ganz unmittelbare Bedrohung. Sein Asylverfahren wurde bereits abgelehnt. Aufgrund seiner psychischen Belastungssituation ist seine Abschiebung vorübergehend ausgesetzt. Er befindet sich laut Aufenthaltsgesetz (AufenthG) § 60a im Status der Duldung.[17] Die Behörden drängen jedoch darauf, die Abschiebung bald zu vollziehen. Davon erfuhr Paul in einem Schreiben, welches ihn mit stark belastenden Gefühlen und tiefer *Verunsicherung* zurückließ:

> **B:** Also ich hab ein Brief bekommen, der sagt (.): „Von kurz musst du nach deine Heimat zurückfliegen." ((leise sprechend)) **I:** Wann? **B:** Datum steht nicht. Also es steht nur „von kurz"/ „von kurz Zeit." Wann weiß nicht. **I:** Von kur/ **B:** Kurz, kurz/ also kurz. Vielleicht zwei Monate. **I:** Achso, kurz. In kurzer Zeit. **B:** In kurzer Zeit, genau „in kurzer Zeit (...) musst du nach deine Heimat zurück fliegen. Du darfst nicht hier in Deutschland weiter bleiben." ((leise sprechend)) (...) Ich habe diese Brief bekommen und ich fühle mich noch sehr sehr schlimm. Ja (...) das ist ein sehr große Problem für mich. ((leise sprechend)) (Paul: 162–168)

Wiederum wird hier die *Ungewissheit* zum Problem. Ein konkretes Datum, an dem Paul zurück nach Kamerun muss, wird ihm nicht mitgeteilt. Abschiebedaten werden häufig lange Zeit offengehalten. Oft trifft sie die Menschen unvorbereitet, nicht selten über Nacht (Oulios 2013). Die Menschen werden auch vielfach zu Zeugen von Abschiebungen in den jeweiligen Einrichtungen. Schreiber, Iskenius, Bittenbinder, Brünner & Regner (2006) haben bereits eindringlich auf das damit verbundene Retraumatisierungsrisiko hingewiesen. Solche Beobachtungen macht die eigene Bedrohung für die Menschen jederzeit real, wie Jacques ausführt: „Every time to/ to/ to the/ the ((stottert)) Heim where you sleep, where you live. He can take to Cameroonian every time to go back to Spain, Italia. Ya. It's no good" (60). Besonders sogenannte *Dublin-Fälle* müssen damit rechnen, jederzeit abgeschoben zu werden. Sie besitzen zunächst besonders schlechte Aussichten auf einen dauerhaften Verbleib in Deutschland. Laut der Dublin Verordnung III[18]

---

[17]Die Duldung ist die Aussetzung der Abschiebung. Paul versucht, sie regelmäßig zu verlängern. Sein Asylverfahren ist allerdings einmalig abgelehnt: „Ich bekomme jede sechs Monate/ ja ich bekomm ein Aufenthalt für sechs Monate und nach sechs Monate muss ich verlängern" (Paul: 46).

[18]Als Zuständigkeitsverfahren wird das Dublin-Verfahren vor der eigentlichen Prüfung des Asylverfahrens durchgeführt. Die entsprechenden Bestimmungen sind festgelegt in der Dublin Verordnung III (Verordnung (EU) Nr. 604/2013 des Europäischen Parlaments und des Rates vom 26. Juni 2013).

soll eine Überführung der Menschen in das Land, in dem sie zum ersten Mal europäischen Boden betraten, erfolgen. Erst, wenn eine solche Zustellung binnen 6 Monaten nicht stattfindet, kann eine Übertragung des Asylverfahrens an Deutschland stattfinden. Jacques (100) ist bewusst: „I'm still my fingerprints in Greece." Und auch Carl reflektiert die Komplexheit seines Falls, wenngleich er daraus keine klaren Handlungsanweisungen ableiten kann:

> **B:** I'm trying to seek asylum, but it's like/ it's very very difficult, because I have some fingerprints in Spain, because Spain was the first country that rescue me. And/ and some of the people that I met here, some of them that have fingerprints in Italy, Spain, they have send them back. So now, I'm really confused, I don't know what to do. **I:** You don't know what is going on. **B:** I don't know what to do, because I'll be going for an interview next month. At the first two week of December I'll be going for an interview. So and definitely they are going to find out that my fingerprints are in Spain, because they told that for now I'm free, I'm safe until I go for that interview. And when I go for that interview, when say that fingerprint, they will tell that I have to go back to Spain and seek asylum. So I really/ I'm confused. I really don't know what to do anymore, I really don't know what to say. (Carl: 72–74)

Wie sich zeigt, ist Carls Zustand von besonders großer *Vewirrung* („I'm confused") gekennzeichnet. Diese geht insbesondere mit *unklaren Handlungsoptionen* („I really don't know what to do") einher, was wiederum ein Stadium der Einsperrung bedeutet: Seine Situation ist durch starke *Handlungsunfähigkeit* zu charakterisieren.

3.5.6 Sparzwang

Zuletzt ist das Leben der Menschen immer von ihrer *prekären finanziellen Situation* geprägt. Sie schränkt Handungsmöglichkeiten von vornherein deutlich ein. Durch die Arbeitslosigkeit bleibt den Menschen nur sehr wenig Geld zur Verfügung.[19] Im Fall von Paul sind es nicht mehr als 315 €: „Es ist (.) 315 zum Beispiel

---

[19]Menschen mit einer Aufenthaltsgestattung oder einer Duldung stehen Leistungen nach dem Asylbewerberleistungsgesetz (AsylbLG) zu. Eine Grundsatzentscheidung des Bundesverfassungsgerichts vom 18.07.2012 erklärte die zu geringe Höhe der festgelegten Leistungen für verfassungswidrig. Seitdem sind die Leistungen für Asylbewerber_innen denen der Hartz IV Sätze angenähert worden, liegen aber weiterhin etwa 10% darunter. Die jeweiligen Grundleistungssätze zwischen 284€ und 354€ sind in § 3 Abs. 1 und 2 AsylG festgelegt.

so. Ja und dann ich muss, ähm, essen, vielleicht manchmal Klamotten bezahlen, und (…) ja und so mit/ (.) also mit diese Geld kann ich nicht so große Dinge machen" (86). Auch Jacques (120: „My set of financial ist nicht gut") und Patrick betrifft dies:

> **B:** The money who I get now is/ is money for drink coffee. ((lacht leicht)) **I:** What do you mean with that? **B:** Well that's mean money for drink coffee, because äh the money we get is/ is very/ sometime to finish the month is problem with that money. Sometime if you take/ if you buy/ if you buy one shoes, the money finish. **I:** You mean shoes or? **B:** Yes, shoes. You have to be very mathematical before your money. (Patrick: 78–82)

Die Menschen unterliegen demnach einem *Sparzwang* („You have to be very mathematical before your money"). Dieser nötigt die Menschen dann auch erst in die Situation, zu Hause bleiben zu müssen, wie Samuel erläutert:

> **I:** You have enough? **B:** No, ((lacht)) I no have money. **I:** It's not enough? **B:** No. **I:** Because? Can you tell a bit about it? **B:** The money/ the money/ the money them they give person it fit helped you to buy small small thing, but it's not enough. You must find a way to work, that enough money. This na for survive. This money na for survive, buy small thing like clothes, food, but not enough. **I:** Not enough for more. **B:** Ya, but if you sitdown, di wait that money, you not fit do anything. You can't do anything. You can not do anything. With that money. (Samuel: 107–114)

Es ist demnach gerade einmal genug *Geld zur Befriedigung der Grundbedürfnisse* („this money na for survive"), aber es ist kein Geld, um zu *Leben* („Not enough for more"). Die finanzielle Prekarität zwingt demnach teils auch das Nichtstun auf („You can not do anything. With that money"). In jedem Fall bedingt es sowohl die soziale Isolation, wie auch die eingeschränkte Mobilität. Es hat Auswirkungen bis hin zur kulturellen Exklusion, was Joel – angesprochen auf die Möglichkeit, mit Freund_innen abends auf eine Party zu gehen – energisch anprangert:

> Ooouuuhh, I'm telling you. The entrance! Drink beer, buy a cigarette, it is not enough. Ya, you can not buy a cigarette, you can not buy a beer, you can not pay the entrance. For one month you have three, four weeks that you have to go out. In that four weeks you can not/ with that money, you can not/ you need you monat card, you need to pay the school, you need to dress up, you need to eat, oh my God! You need to drink, you need to sleep. Tssss, 300 Euro, das ist scheiße! ((lacht)) But if it's just to eat, ah it's enough. (Joel: 152)

3.5.7 Gegenhandeln

Strategien des Gegenhandelns sind im vorliegenden Fall deutlich eingeschränkt. Wie herausgearbeitet, sind es ja gerade Handlungsunfähigkeit, Ohnmacht und das aufgezwungene Nichtstun, die die eingesperrte Lebenssituation der Menschen ausmachen. Dennoch: Dort, wo es den Menschen möglich ist, versuchen sie sich als Subjekt zu behaupten und verloren gegangene Autonomie zurück zu erkämpfen. Räumliche Isolation und beengte Unterbringungsverhältnisse werden aktiv problematisiert und mit der *Forderung im Zentrum zu leben* verknüpft: „I cannot live alone! That's why I cannot live in the village" (Joel: 54). „Also wir sollen in der Stadt leben" (Paul 160). Die Menschen geben sich gerade nicht mit der naheliegenden Frustbewältigung durch Verdrängung und Alkoholkonsum hin: „You can not do it for one year, hm! You will just drinking beer to forget a lot of things" (Joel 34). Hingegen wird die eigene Unabhängigkeit vorangetrieben und besonders peripher gelegene *Heime* so oft es geht *verlassen*. Jacques pendelt in diesem Zusammenhang mehrere Stunden zu einem Deutschkurs, was er trotz enormer finanzieller Belastung auf sich nimmt:

> In Potsdam I'm äh/ I begin to/ to do Deutschkurs äh but the time/ the time they transfer me to Großbeeren, then it stopped. Ya, I think/ I think/ I think come here every time to do Deutschkurs, but äh it's äh very cheap, because äh when/ when the/ I'm/ I'm go somewhere, I think it's good/ it's good to take to take ähm/ how we call/ äh Tageticket. Tageticket. 7 Euro for ticket. Every day, every day, every day, every day. It's no good. (Jacques: 54)

Joel hat es hingegen geschafft, der räumlichen Isolation komplett zu entfliehen:

> **B:** I'm sleeping with äh Paul. Sometime I sleep in Berlin, I don't have (worry?) to sleep. **I:** Hm ((bejahend)) (…) I didn't really get this situation. So ähm I got that you/ yeah sometimes you're sleeping here or you stay at friends in Berlin. **B:** Yes, with friend. I can sleep, in the morning I take my bag, I go out. ((leise sprechend)) **I:** Hm ((bejahend)) but you have no CENTRAL/ **B:** Place to sleep. I don't have. I left my village. **I:** There you had one, but you didn't want to stay. Then you say: „So I'm out." **B:** Ya, I'm out. I just go there in the end of month to take my money. (Joel: 170–176)

Neben der räumlichen müssen die Menschen aber auch einen Umgang mit ihrer sozialen Isolation finden. Dieser gestaltet sich komplex. Ausgangspunkt für das Gegenhandeln ist zunächst, dass die soziale Isolation sich u.a. im *Gefühl der eigenen Nutzlosigkeit* manifestiert. Sennett (2006: 189) schreibt dazu: „Feeling useful means contributing something which matters to other people." Die Menschen befinden sich in einer Situation, in der sie *Anderen nichts geben können*. Das Sich-gegenseitig-etwas-geben macht Carl daraufhin zur zentralen Voraussetzung für eine soziale Beziehung: „It's better to be ALONE than to be around hundreds of people that you wouldn't get any help from anyone. Or you CAN not help anyone" (168). Damit gibt er auf der einen Seite seiner sozial isolierten Situation einen Grund. Auf der anderen Seite wird aber auch ein eigendynamischer – die Isolation potentiell verhärtender – Charakter deutlich. Carl führt weiter aus:

> **B:** I don't want to be around people that I can not achieve anything from them, or they can not achieve anything from me. Like the friends, like someone will say: „Oh let's let's let's be friends." I say: „Ok, ya we can be friends, but friends at times we need help from one and another." **I:** And now you think that you can't give anything to the friends? **B:** I can't help them in any way. ((lacht)) I'm just an asylum seeker, what can I tell them!? Or how can I help them? That's what I'm trying to say. Or we like teaching them with German lesson? ((lacht)) (Carl: 170–172) •

Seine hier bis in den Sarkasmus („Or we like teaching them with German lesson?") abgeleitende Feststellung der eigenen Nutzlosigkeit schafft Carl erst im positiv abgegrenzten *Gegenkonzept des Bruders* aufzuheben. Dieses steht auch im Kontrast zu dem leicht inflationär verwendbaren *Freund*. Grundlage dafür, anderen ein *Bruder* sein zu können, sind gemeinsam *geteilte Lebensbedingungen*.

> People like Paul, they come from the same countries, I am from the same place with them, but not in the same city. But as we are here, we are not friends, we were never friends back then, but we are brothers here, because here we don't have any mother, no father, no family. So he's like a brother to me, I'm like a brother to him. We are not friends, we are more than friends. (Carl: 176)

Deutlich wird, dass das hier forcierte *Gegenkonzept des Bruders* auch die Widerspiegelung der Qualität der sozialen Isolation bedeutet – die Beschränkung der Kontakte auf Menschen in der gleichen benachteiligten Lage. Goffman (1973: 64) spricht in diesem Zusammenhang auch von „Verbrüderung" als eine „aufgezwungene Schicksalsgemeinschaft". Das Schicksal besteht hier demnach darin, alleine aus der Heimat geflüchtet zu sein. Die Verbrüderung kann für Carl genau jene Funktion, anderen etwas geben zu können, erfüllen, die ihm ansonsten abgeht: Als Bruder fühlt er sich gebraucht und besitzt einen Wert für eine andere Person. Probleme können mit dem Bruder nicht nur geteilt werden: „We can like share ideas like" (Carl: 186). Sie können auch von ihm besser verstanden werden, als von jedem anderen Menschen. Man kann sich untereinander unterstützen, Ratschläge können gegenseitig gegeben und angenommen werden:

> So when it comes to problem, I can like support him like say: „Oh Paul!" or I can like advise him to say: „No Paul, this thing is not good, what you are doing is not fine, you know, try to stop it." Or/ or we can like/ like plan together, because we are in the same condition, ya (Carl: 180)

Die gemeinsam erfahrene Isolation – das geteilte Schicksal als „same condition" – macht die Verbindung nur umso tiefer gehend. Die Bruderschaft drückt sich daher in einer gewissen *Bedingungslosigkeit* aus. Es ist, wie Carl es schlicht formuliert: „Like I have that love for him" (186). Man ist „ready to STAND for you at any point. He doesn't care who you are or what you are doing, but he is ready to be there for you" (188). Worum es dabei gerade nicht geht: „It's not just to go around, drinking beers, go around, having fun. No you need to be there for one another in times of difficulties, in times of excitement, stuff like that" (188). Insgesamt stellt der Bruder damit eine der wichtigsten Personen für Carl überhaupt dar. Durch ihn bekommt er nicht nur Unterstützung bei seinen Problemen, sondern kann noch ein Mindestmaß an sozialer Anerkennung und Wertschätzung erfahren, um die er ansonsten in sozialer Isolation beraubt ist.

Wie bereits in 3.3.4. beschrieben, fungiert Sprache für die Menschen als ein zentrales Emanzipationsinstrument. Sie schafft überhaupt erst die Möglichkeit dafür, sich eigenständig ausdrücken und mitteilen zu können. Ein primäres Gegenhandeln, mit dem sich die Menschen ein Ausbrechen aus ihrer eingesperrten Lebenssituation versprechen, ist daher der *Spracherwerb*, wie insbesondere bei Samuel sehr deutlich wird:

> Now if I know the language, I know how to find job or go for/ (.) go learn more, ya. But without language I no fit do anything. I de like (say?), i de for prison. Sometime I go schidon for house, I go di think, because of the language. (Samuel: 50)

Die fehlende Sprache führt bei Samuel dazu, dass er manchmal überhaupt nicht mehr rausgeht. Ohne Sprache zu sein, bedeutet für ihn, handlungsunfähig zu sein. Im Gegenzug glaubt er „that if I learn the language today, I fit do anything I want. (.) I can find something to do. With the language" (76). Sprachkompetenzen würden demnach eine Art positive Kettenreaktion auslösen: „I find JOB, I can get FRIEND, Germany friend, ya. (…) Oder (wann?)/ if fit get something, if I get Germany friend, them fit help me" (56). Damit kommt der Sprache in Samuels Fall keine geringere Rolle zuteil, als in der Lage zu sein, das Nichtstun durchbrechen zu können. In erster Linie würde sie die Möglichkeit schaffen, Arbeit zu finden.

Auch Carl kommt in diesem Zusammenhang auf die Sprache zurück: „You are to get a job. First thing they will ask you: „Can you speak German?" „No I can't." „Then we can not give you a job ((leise sprechend))" (212). Es ist naheliegend, dass die Menschen vor allem ihre Sprachdefizite zum Ausgang nehmen, einen Umgang mit ihrer eingesperrten Lebenssituation zu finden und sich diese besser verständlich zu machen. Schließlich lässt sich auch eine konkrete Handlungsoption daraus ableiten: Der *Sprachkursbesuch*. Er stellt oft die einzig sinnvolle unter vielen inhaltsleeren Alltagsroutinen dar. Es ist mithin das Einzige, was den Menschen bleibt, um in irgendeiner Form Einfluss auf ihre Asylanerkennung zu nehmen.[20] In einer Situation, die geprägt ist durch weitgehende Handlungsunfähigkeit und Abhängigkeit, ist das Erlernen einer Sprache etwas, was sich noch selbst beeinflussen und vorantreiben lässt. Sollte die Funktion, die Sprache für die Menschen besitzt, teils etwas überfrachtet wirken – dem ist nicht so: Je mehr die Menschen in anderen Lebensbereichen eingeschränkt werden, umso stärker werden sie sich auf Bereiche fokussieren, die sie noch selbst bestimmen können. Paul (20) hört auch im Status der Duldung nicht mit seinen Anstrengungen auf: „Dann bis heute versuch meine Deutsch besser/ also zu verbessern." Dabei ist er bereits auf einem äußerst fortgeschrittenem C1 Niveau, welches nicht unbedingt nach weiteren Kursen für sein Verstehen und Verstanden-werden verlangt. Aber auch „jetzt ich will mich in eine Deutschkurs anmelden," wie er (80) herausstellt. Mit fortschreitenden Sprachkenntnissen versprechen sich die Menschen eine Verbesserung ihrer Bleibeperspektive. Sprachkompetenzen sollen dabei auch die eigene „Integriertheit" ausweisen, wie Joel verdeutlicht: „When you speak the language (.) you have äh (.) one hundred per cent (.) to to to to ((stottert)) be more integrate" (126). Sprache wird bei Joel (74–76) regelrecht zu einem Mittel um zu Bleiben: „B: I want to learn the language! I: And you want to stay!? B: Yaa! If you learn something, you'll stay!" Auch Samuel betont: „Äh the language is/ is important, so much important. Important. Without language/ na language be the first thing. Cause anything to do it, if to like give me paper for Germany" (78). Für die Menschen ist Sprache daher schlicht „compulsory," wie Carl (44) abschließend feststellt.

---

[20]Es bleibt ansonsten einzig, dem erzwungenen Warten und Sinnverlust mit Ablenkung und sozialen Aktivitäten entgegen zu wirken (Goffman 1973: 74). Diese stehen jedoch wiederum nur denjenigen offen, die sich dazu in der Lage sehen und die Möglichkeit haben, wie Patrick (120): „You have to be interactive, you have to make maybe sport, you have to go with your friend. Depend äh how/ what you want to do. If you don't do that, you will have very very big stress." Sehr oft stehen den Menschen nur solche Formen des emotionsregulierenden Copings (Lazarus 1966) zur Verfügung. Die Auslöser des eigentlichen Problems bleiben dabei jeweils weiterhin bestehen.

Diskussion 4

4.1 Einleitung

Allerorten werden derzeit Debatten über Menschen auf der Flucht geführt. Dies hat sich noch einmal verstärkt, seitdem im vergangenen Sommer besonders viele geflüchtete Menschen in Deutschland ankamen. Die Heterogenität der Menschen, die hierher kommen, könnte dabei größer kaum sein. Es kommen Menschen aus den unterschiedlichsten gesellschaftlichen Schichten, beruflichen und familiären Hintergründen, Religionszugehörigkeiten und Regionen der Welt. Zwar gilt innerhalb der sogenannten „Flüchtlingsdebatte" ein Hauptaugenmerk den Menschen, die aus Syrien und Afghanistan hier her fliehen, aber auch aus verschiedenen afrikanischen Ländern kommen Menschen – bereits vor, während und nach dem letzten Sommer – in Deutschland an. Die Perspektiven aller ankommenden Menschen sind in den Debatten viel weniger im Fokus, als anzunehmen wäre. Auch wissenschaftlich etabliert sich eine Perspektive, die Ausgang bei den Erfahrungen der Menschen nimmt, erst nach und nach.

In diesem Zusammenhang war es das Ziel der hier vorgelegten Studie, jenseits der Sphäre der öffentlichen Schlagworte einen Beitrag zur Erschließung der Subjektperspektive geflüchteter Menschen zu leisten. Die zentrale Frage dabei war, welche Erfahrungen von Exklusion die Menschen während der Zeit ihres Ankommens in Deutschland machen und wie sie sich gegen solche ausgrenzenden Erfahrungen behaupten können. Bei einer Stichprobe von aus Kamerun geflüchteten Männern zeigte sich, dass Exklusion ein sehr vielschichtiges Phänomen ist. Sie tritt gehäuft und in unterschiedlichen Lebensbereichen der Menschen auf. Die Phase des Ankommens stellte sich in diesem Zusammenhang als eine besonders sensible Phase dar, während der die Menschen vor allem erfahren müssen, was es bedeutet, fremd in Deutschland zu sein – und zu bleiben. Die Menschen sind jedoch keine passiven Opfer ihrer widrigen Umstände, vielmehr schaffen sie es,

© Springer Fachmedien Wiesbaden GmbH 2017
I. Zalewski, *Exklusionserfahrungen geflüchteter Menschen aus Kamerun*,
DOI 10.1007/978-3-658-17806-2_4

sich einen Teil ihrer im Zuge der Exklusion verloren gegangenen Handlungsfähigkeit und Würde selbst zurück zu geben. Im Folgenden werden die zentralen Ergebnisse der Studie in die wissenschaftliche Debatte integriert sowie darauf aufbauend Anregungen für eine bessere Unterstützung der Menschen gemacht.

4.2   Schlussfolgerungen

4.2.1   Ankommen als „normale" Migrationsherausforderung

Wie verschiedene migrationstheoretische Zugänge zum Ankommen nahelegen (1.2.1, 1.2.2), machen die Menschen *kulturschockartige Erfahrungen*. Einzige Voraussetzung dafür ist die Konfrontation mit einem neuartigen System sozialer Verständigung, für das keinerlei Vorerfahrung vorhanden ist. Das Verloren-Sein darin und das Nicht-Verstehen und Verstanden-Werden der Menschen ist anfangs sehr umfassend und trifft sie mit aller Wucht. Sie erfahren die Krise eines Fremden, die einhergeht mit „Unsicherheit, und … Mißtrauen in alles, was so einfach und unkompliziert jenen erscheint, die sich auf das Funktionieren der unbefragten Rezepte verlassen" (Schütz 1972: 67). Die sozialen Irritationserfahrungen werden durch fehlende Deutschkenntnisse verstärkt, sodass der Zugang zu Deutschen gerade in der ersten Zeit vielen versperrt bleibt. Als Gegenhandlung bleibt den Menschen meist nur das Aufsuchen von Orten, wo die Rezepte aus dem Heimatland noch greifen. Auf diesem Wege bilden sich afrikanische Communities – Schutzräume, in denen Erfahrungen geteilt und Beziehungen zu Menschen in gleicher Lage geknüpft werden können. Identitätstiftung funktioniert hier über die gemeinsame Muttersprache. Eine solche Subkulturbildung kann soziale Segregation begünstigen und zu einem eigendynamischen Verhärten der sozialen Exklusion führen, wie in *Abbildung 4.1* dargestellt.

Im Kulturschock wird deutlich, wie sehr die Geflüchteten zunächst mit den grundsätzlichen Herausforderungen konfrontiert sind, vor denen alle Migrant_innen – auch solche mit gesicherter Aufenthaltsperspektive – gleichermaßen stehen. Die Ergebnisse halten dazu an, bei der Analyse der Situation von Geflüchteten diese „normalen" Themen der Migration nicht zu übersehen – ein in Anbetracht des Forschungsschwerpunkts auf die Aspekte Trauma und Asyl nicht unwichtig erscheinender Hinweis. Damit werden Forschungsprojekte relevant, die Simmels (1923: 509) berühmten Satz wieder neu in den Blick nehmen: Ein Refugee kann die Person sein, die „heute kommt und morgen bleibt." Eine solche aktuell wieder fruchtbar gemachte Perspektive auf das

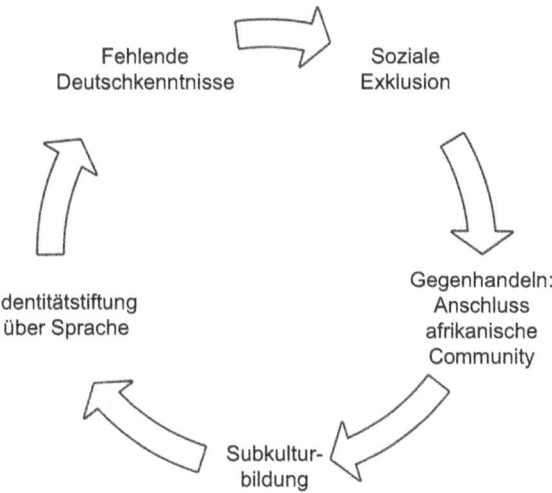

Abb. 4.1 Exklusions-Eigendynamik

Fremdsein von Migrant_innen (Reuter & Warrach 2015) weiter auszubauen, wäre aus verschiedener Sicht zielführend: Im Anschluss an die Ergebnisse der eigenen Studie ließe sich insbesondere auf jenes erzwungene Gegenhandeln – die Rückzüge des Fremden fokussieren. Das „Erzwungene" daran, wie auch die mögliche Verstetigung des Fremdseins durch die hier zum Ausdruck kommende Exklusions-Eigendynamik besser zu verstehen, wäre überhaupt erst Voraussetzung für gemeinsame Anstrengungen, das Ankommen der Menschen in der deutschen Gesellschaft zu erleichtern.

4.2.2 Das Problem heißt Rassismus

Dass die Menschen sich als fremd in Deutschland erfahren, wird besonders dann deutlich, wenn der Umstand aufgerufen wird, dass sie Schwarz sind. Es ist dann eine Fremdheit, die offen als *Rassismus* auftritt. Im Rahmen dieser Studie funktioniert selbiger analog zum Antisemitismus, über den Adorno (1997: 141) einmal sagte, er sei „das Gerücht über die Juden." Gerüchte funktionieren nur, indem sie „eine narrative Beziehung zwischen dem Erfundenen und dem Realen herstellen" (Bojadžijev 2015: 281). Diese Gerüchte – *rassistisches Wissen* abgepackt in Figuren mit *kolonialem Ursprung* – halten sich hartnäckig. Sie werden von allen Seiten immer wieder und wieder zitiert und in diversen Alltagssituationen aufgerufen. Somit geben die Figuren auch die Situationsdeutungen für die betroffenen Menschen selbst vor: Aufgrund wiederholter Erfahrungen von Rassismus in konkreten Alltagssituationen sind sie gezwungen, sich mit ihrem eigenen Schwarzsein verstärkt auseinanderzusetzen. Die Menschen fangen an, das rassistische Wissen innerhalb von kognitiven Schemata zu organisieren, was es letztlich noch schwerer macht, die in *Abbildung 4.2* dargestellte Zitationsspirale des Rassimus zu durchbrechen.

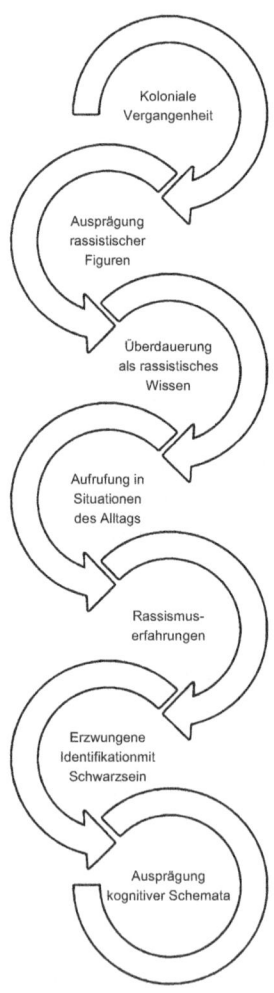

Abb. 4.2   Zitationsspirale des Rassismus

Aufgrund des virulenten Rassismus müssen die Menschen immer wieder schmerz-
lich erfahren, was es bedeutet, zu Repräsentanten einer als inferiör konstruierten
Kategorie gemacht zu werden. Sie wehren sich dagegen, indem sie eine Vielzahl an
Strategien des Gegenhandelns anwenden. Es sind Versuche, sich als Subjekt gegen
die entmenschlichende Funktionsweise des Rassismus zu behaupten. Erst mit ihrem
Gegenhandeln schaffen es die Menschen, sich einen Teil ihrer Würde zurück zu geben.

Die Ergebnisse der Studie verweisen an dieser Stelle auf eine Notwendigkeit,
die Lebenssituation geflüchteter Menschen aus Kamerum im Kontext der kolonialen Vergangenheit zu verstehen. Aus theoretischer Perspektive bedarf es eines ras-
sismuskritischen Blicks, der Rassismus als in konkreten Alltagssituationen verortet
versteht, erkennt und benennt. Dafür ist eine klare Begriffssprache von Nöten, die
sowohl Wandlungen des neuen Rassismus beinhaltet (Balibar 1990), aber auch die
Überdauerung historisch gewachsener Figuren anerkennt. Besonders die entwür-
digenden Auswirkungen des Rassismus, die mit einer starken Herabsetzung der
Lebensqualität für die Menschen einhergehen, wurden in dieser Studie dokumentiert. Um die Situation von Geflüchteten zu verbessern, müssten daher konkrete
Schritte der Gegensteuerung eingeleitet werden. Rassismuskritischer Bildungs-
arbeit könnte dabei eine der Schlüsselrollen zufallen. Sie kann bereits mit einer
eingehenden Beschäftigung mit der deutschen Kolonialgeschichte im Geschichts-
unterricht der Schulen, in Seminaren zur Geschichte und Funktionen des Rassismus
an Universitäten, als Aufklärung über die rassistischen Inhalte neu-rechter Bewegungen und Parteien oder in Form von entsprechenden Weiterbildungen für die
Menschen, die direkt mit afrikanischen Geflüchteten in Kontakt stehen, anfangen.
In diesem Zusammenhang sollte auch die Betreuung von afrikanischen Geflüchteten in einer Psychotherapie nicht einzig auf Herausforderungen von Flucht und
Trauma beschränkt bleiben. Wie sich jüngst auf dem Fachkongress *Migration und
Rassismus* der Neuen Gesellschaft für Psychologie (2016) zeigte, ist Rassismus als
Thema in therapeutischen Settings stark unterberücksichtigt, und entsprechende
Schulungen des psychologischen Fachpersonals sind dringend von Nöten. Nicht
zuletzt erscheint eine Beschäftigung und Auseinandersetzung mit den Anliegen
antirassistisch engagierter Geflüchteten-Gruppen wie Refugees Emancipation nach
Vorliegen der Ergebnisse der Studie noch angebrachter als ohnehin zuvor schon.

4.2.3 Subjektperspektive und Paternalismusabbau

Fremd sein bedeutet für die Menschen des Weiteren, mit einem spezifischen
Paternalismus gegenüber Geflüchteten in der deutschen Gesellschaft konfrontiert zu sein. Der eingangs formulierte Anspruch zu forschen, ohne dabei

Paternalismen in der gegenwärtigen Debatte zu reproduzieren (1.1), lässt sich mit den vorliegenden Ergebnissen dieser Studie empirisch bekräftigen. Keine Stimme in der Flüchtlingsdebatte zu haben – ein Mensch zu sein, *über* den gesprochen wird – manifestiert sich aus der Subjektperspektive der betroffenen Menschen als *Blindheit im Diskurs.* Problematisch ist weiterhin, dass mit dem Flüchtlingsbegriff Stereotype und Vorurteile aufgerufen werden, die medial vermittelt und historisch gewachsen sind: Das Magazin *Spiegel* titelt 1991 auf seinem Cover mit einer überfüllten Deutschland-Arche: „Flüchtlinge, Aussiedler, Asylanten: Ansturm der Armen." 2006 heißt es erneut: „Ansturm der Armen: Die neue Völkerwanderung." Ein solches *Stereotyp der Armut und Hilfsbedürftigkeit* verhindert, dass die Menschen als individuelle Person wahrgenommen werden. In „Vorurteilen wird das Fremde oder der Fremde fassbar, fixiert und berechenbar. Der Fremde wird so zum Bestandteil unserer Welt. Es ist aber unsere Welt, in der der Fremde erscheint, und nicht seine Welt. Der Fremde ist uns Objekt, nicht Subjekt" (Schäfer & Schlöder 1994: 84). In einer Vielzahl konkreter Alltagssituationen berichten die Menschen davon, was es bedeutet, lediglich als Objekt – als der bevormundungswerte Flüchtling – behandelt zu werden: Man ist mit einem nicht einfach abzustreifenden Stigma behaftet, welches einen von vollständiger sozialer Akzeptanz ausschließt. Für die betroffenen Menschen kommt das einer sehr starken Herabwürdigung gleich, gegen die sie sich entschieden zur Wehr setzen. Die „Einordnung des Fremden in kollektive Orientierungsmuster ... wird unterlaufen von seiner Weigerung, sich in dieses Muster einzuordnen" (Schäfer & Schlöder 1994: 84). Die Menschen stellen richtig: Eine Situation kann zwar dazu nötigen zu fliehen, allerdings könne aus dieser Tatsache allein noch keine Rückschlüsse auf den jeweils betroffenen Menschen gezogen werden. Das Geflüchtetsein ist keine Eigenschaften, die einer Person an sich zuzuschreiben ist, sondern es ist vorübergehend. Da vielfach belegt ist, wie sehr die Sprache unsere soziale Wirklichkeit prägt (Berger & Luckmann 1969), ist der Flüchtlingsbegriff daher zu problematisieren. Dies schlägt nicht nur Bade (2015) vor, sondern bereits Hanna Arendt (1989: 7) betonte: „Vor allem mögen wir es nicht, wenn man uns ,Flüchtlinge' nennt." Im Sinne der Gegenhandelskonzepte der Menschen wäre *Geflüchtete* semantisch wesentlich angemessener. Neben einer anklingenden Verniedlichung im Wort *Flüchtlinge* verweist *geflüchtet* viel eher auf das Faktum des besonderen temporären Lebenskontexts. Es lässt sich mit dem Zusatz *Mensch* kombinieren – einer durch die entwertende Funktion des Stigmas verloren gegangene Kategorie, die die Interviewten für sich (wieder-)beanspruchen.

   Die Ergebnisse der Studie ermutigen dazu, die Subjektperspektive von Geflüchteten in zukünftiger Forschung weiter zu vertiefen. In Anlehnung an Bojadžijev & Karakayali müsste es also weiterhin darum gehen, all dem entgegenzuarbeiten, was „unter den herrschenden Bedingungen die Vorstellung einer Subjektivität der Migration verzerrt. Gegenwärtig oszilliert diese Subjektivität in öffentlichen Diskursen zwischen zwei … Figuren: dem Migranten, dessen tendenziell kriminelle Mobilitätsenergie gesellschaftsbedrohliche Züge annimmt … und dem Opfer" (Bojadžijev & Karakayali 2007: 212). Dass die letztgenannte Opferzeichnung eine Arbeit am Paternalismusabbau dringend nötig macht, konnte mit dieser Studie bestätigt werden. In Anbetracht der geringen Durchlässigkeit öffentlicher Debatten für die Sichtweisen von Refugees bedarf es jedoch einer Vielzahl an Schritten, um die Probleme der Bevormundung Geflüchteter ernsthaft anzugehen. Einzig: Voraussetzung dafür ist, die Perspektive der Menschen überhaupt erst in den Blick zu bekommen. Gesellschaftlich informierte und engagierte Wissenschaft würde schon dann wieder mehr gesamtgesellschaftliche Verantwortung übernehmen, wenn sie sich für die Perspektiven der Menschen, die hierher kommen, interessiert. Mit einem weiter auszubauenden Fokus auf die Subjektperspektive der Menschen könnte sie dann einen Beitrag dazu leisten, was im Anschluss an Rommelspacher (1998: 132) unbedingt zu fordern ist: „All das … stützen, was einseitige Machtverhältnisse abbauen hilft und Gegenseitigkeit ermöglicht."

4.2.4 Über die Gefahr exkludierende Verhältnisse zu individualisieren

Das Phänomen der Exklusion verweist seit jeher insbesondere auf Ausgrenzungsdynamiken am Arbeitsmarkt und die Folgen von *Arbeitslosigkeit* (1.2.5). Diese Studie zeigt, dass Geflüchtete in der Zeit ihres Ankommens aufgrund umfassender Restriktionen am Arbeitsmarkt chronisch arbeitslos bleiben. In einer Gesellschaft, die sich jedoch stark über Arbeit definiert – in der Arbeit eine zentrale Bedeutung für soziale Anerkennung darstellt –, sind die Auswirkungen von Arbeitslosigkeit besonders gravierend. Die Arbeitslosigkeit der Geflüchteten bekommt in diesem Zusammenhang geradezu eine verinnerlichte Form. Bei den sich einschreibenden Misserfolgen führt sie insbesondere zu *erlernter Hilflosigkeit*, die durch eine besonders starke psychische Belastungssituation zu charakterisieren ist.

Die Orientierung an einem *Vorbild des integrierten Immigranten*, der alles schaffen kann, wenn er es denn will, bedeutet die aktive Annahme des Kampfes in der großen Arena des *Survival of the Fittest*. Dieser kann jedoch nur für einige wenige der Menschen vorübergehend hilfreich sein. Zwar gelingt in einer solchen unternehmerischen Ausrichtung des Selbsts (Bröckling 2007) auf den ersten

Blick ein selbstbestimmter Umgang: Viele der strukturellen Probleme, mit denen die Geflüchteten konfrontiert sind, können beiseitegeschoben und ausgeblendet werden. Letztlich ist der *Unternehmer seiner Selbst* aber kein Ausweg, sondern die eigentliche Ursache des Problems:

> Die unternehmerische Anrufung verbindet ein Versprechen mit einer Drohung, eine Ermutigung mit einer Demütigung, eine Freiheitsdeklaration mit einem unabweis-baren Schuldspruch. Wenn sie damit lockt, dass jeder seines Glückes Schmied sei, erklärt sie im gleichen Zug, an seinem Unglück sei jeder selbst schuld. (Bröckling 2008: 82)

Beim Scheitern der Arbeitssuche, was sich aufgrund der rechtlichen Benachteili-gungen während der ersten Zeit in Deutschland für die meisten aller Geflüchteten abzeichnet, droht dem unternehmerischen damit gleichsam der direkte Umschlag in ein „erschöpftes Selbst" (Ehrenberg 2008). Wie Bourdieu et al. (2007) mehr-fach betont und kritisiert hat, werden damit gesellschaftliche Benachteiligungen zum subjektiven Leiden. Durch individuelle Zuschreibung von jedoch struktu-rellen Problemlagen wird „wirtschaftliches Scheitern oder Arbeitslosigkeit dem Individuum selbst und nicht der Sozialstruktur angelastet, was das Elend derer verdoppelt, die vom Markt zurückgewiesen werden" (Bourdieu 2001b: 30)."

Am Schicksal der Geflüchteten weist sich damit die Kehrseite einer gesamt-gesellschaftlich zu kritisierenden Entwicklung in Reinform aus: Geflüchtete und Migrant_innen befinden sich von vornherein am unteren Rand der Arbeitsgesell-schaft, da sie am Arbeitsmarkt strukturell benachteiligt und diskriminiert werden. Die gegenwärtige neoliberale Losung (1.2.5) übersieht jedoch diese ungleichen Startbedingungen der Menschen (Weth 2008). So kann die Rhetorik der Eigen-verantwortung bei den Geflüchteten zu fatalen Eigendynamiken von „verinner-lichter Prekarität" führen, wie Reiners (2010) bereits herausgearbeitet hat. Die Ergebnisse der eigenen Studie verweisen eindringlich auf die Notwendigkeit einer Verbesserung des Zugangs von Geflüchteten am Arbeitsmarkt sowie auf die hohen psychosozialen Belastungen der bestehenden exkludierenden Verhält-nisse. Sie arbeitet insbesondere heraus, dass es diese strukturellen Verhältnisse sind, die ihr Scheitern einschreibt und nicht ihre eigene Unzulänglichkeit. Damit unterstreicht die Studie Brandmaiers (2013: 28) Forderung, „gesellschaftliche Ungleichheit, Problemlagen und Widersprüche nicht zu individualisieren oder Reaktionen darauf zu pathologisieren, sondern diese Verhältnisse und Widersprü-che zu erkennen und zu benennen."

Das gesamtgesellschaftliche Resultat der nachgezeichneten Entwicklungen ist Entsolidarisierung. Um mit Bourdieu (1999) zu sprechen: „Diese ‚neo-liberale'

Philosophie ist zugleich neo-darwinistisch, im Sinne, dass nur die Stärksten über-leben. Solidarität mit lahmen Enten ist nicht gefragt." Dabei wäre eine solidari-sche Position mit den Refugees heutzutage wichtiger denn je. Es sollte deutlich geworden sein, dass Solidarität mit Menschen, die lediglich als erstes und am hef-tigsten von den gegenwärtigen Zuständen betroffen sind, dann immer auch einem Anprangern der hauseigenen Probleme der Mehrheitsgesellschaft gleichkommt, von denen noch weitaus mehr Menschen als nur die Geflüchteten profitieren können.

4.2.5 Ankommen ermöglichen – Handlungsfähigkeit stärken

Die Menschen verwenden für die Beschreibung ihres Lebens mitunter die Metapher des Gefängnisses. Ihre Situation kommt in der Tat einer Einsperrung gleich: räumlich und sozial isoliert, eingeschränkt mobil, fremdbestimmt woh-nend, arbeitslos, einem Spardiktat unterliegend, welches sie in Formen kultu-reller Exklusion zwingt und vor allem: Nichts tun können außer warten auf eine Entscheidung in ihrem Asylanerkennungsverfahren. Die Studie macht deutlich, warum das Nichtstun als zentrale Herausforderung für geflüchtete Menschen in der Literatur diskutiert wird (Täubig 2009). Tagein, tagaus führen die Menschen die gleichen inhaltsleeren Routinen aus, die bei ihnen zu einem ausgeprägten Sinnverlust führen. Es ist die Sinnlosigkeit einer Existenz, die sich einzig auf Warten beschränkt, die bei den Menschen immer wieder zum Ausdruck kommt. Sie hängen eingesperrt in der Luft, zwischen nicht abschließen können mit dem alten und nicht anfangen können mit einem neuen Leben. Hier zeigt sich, was (Pieper 2012: 77) mit der „Kasernierung des Psychischen" meint, die sich „aus der Kombination der Lebensbedingungen" ergibt. Das mögliche Szenario der Abschiebung gibt einer solchen Existenz seinen abschließenden bedrohlichen Charakter.

Um mit Goffman (1973: 7) zu fragen: Wie können die Menschen unter die-sen Voraussetzungen noch ein Leben gestalten, welches „sinnvoll, vernünftig und normal erscheint, sobald man es aus der Nähe betrachtet"? Die vorliegende Stu-die kann darauf keine abschließende Antwort geben, reiht sich aber ein in For-schungen, die belegen, dass dies tendenziell nicht möglich ist (Brandmaier 2011, 2013, 2016; Pieper 2008, 2012; Schäfer 2015a, 2015b; Täubig 2009). Das zent-rale Ergebnis ist vielmehr, dass die Handlungsfähigkeit der Menschen in der Zeit ihrer Asylanerkennung auf ein bedrohliches Mindestmaß eingeschränkt bleibt und das Eingesperrtsein als ein Gesamtphänomen ihrer allgemeinen Lebenssituation in dieser Zeit zu verstehen ist.

Durch den Fokus auf die Subjektperspektive und das Gegenhandeln der Menschen, wurde Wert darauf gelegt, die Menschen nicht als passive Opfer einer solchen Situation zu zeichnen, sondern eben als „echte Menschen – mit Schwächen, Stärken und Strategien" (Oulios 2012: 12). So ist zu konstatieren: Die Menschen suchen stets nach kreativen Wegen, sich zu behaupten, die teilweise erst dadurch verstanden werden können, dass sie es einfach tun: Das Heim komplett verlassen, den Großteil des knappen Geldes für tägliche Pendelei nach Potsdam aufwenden, innerhalb von einem Jahr Deutsch komplett neu bis hin zu einem C1 Niveau erlernen. Die Menschen besitzen daher grundsätzlich das Potential, sich „als handlungsfähig und kompetent" zu erfahren, „auch wenn ihnen hierzu rechtlich sehr viel weniger Möglichkeiten zur Verfügung stehen als deutschen oder EU Staatsbürgern" (Brandmaier 2013: 28). Ihnen ein Ankommen und freiere Entfaltung ihrer Handlungsfähigkeit zu ermöglichen, würde bedeuteten, diese Diskrepanz an rechtlichen Möglichkeiten deutlich anzugleichen. Es würde bedeuten, Möglichkeiten dafür zu schaffen, dass Menschen sich sinnvoll betätigen können und sie nicht weiter davon abzuhalten, einer Arbeit, einem Studium, einer Ausbildung nachzugehen, weil das Asylverfahren noch in Bearbeitung ist.

„Willkommenskultur" bedeutet für das Bundesamt für Migration und Flüchtlinge (BAMF) „Neu-Zuwandernde anhand attraktiver Rahmenbedingungen Willkommen heißen und anerkennend in die Gesellschaft aufnehmen" (2013: 20). Eine solche „Willkommenskultur" auf der einen Seite zu propagieren, Menschen aber gleichzeitig durch Absprache fundamentaler Rechte über Monate in chronischer Unsicherheit und Angst vor Abschiebung zum Warten und Nichtstun zu nötigen, ist mit Blick auf die Ergebnisse dieser Studie zynisch. Die Zukunft aller interviewten Menschen ist weiterhin ungewiss und bedroht. Das Recht auf die freie Wahl des Ortes, an dem sie in Sicherheit ein neues Leben beginnen können, wird ihnen weiterhin vorenthalten. Genova (2010: 39) sagt jedoch, dass das „menschliche Leben untrennbar verbunden" sei mit gerade jener „ungehinderten Möglichkeit, sich zu bewegen." Sie sei für den Menschen geradezu „notwendige Voraussetzung für den freien und zielgerichteten Einsatz seiner kreativen und produktiven Kräfte." Anders – mit Oulios (2013: 61) – gesagt: „Ohne Bewegungsfreiheit ist es nicht möglich, ein gesellschaftliches Leben zu führen, und das heißt konkret, unsere vorgefundenen Lebensumstände zu verändern." Abschiebungen sind in diesem Zusammenhang die „konzentrierte Leugnung dieser Freiheit" (Genova 2010: 58). Es ist daher wichtig, Oulios' (2013: 93) Frage deutlich zu stellen: „Welchen Sinn haben Abschiebungen in einer Welt der totalen Mobilität?

Einer Welt, deren globalisierte Wirtschaft immer mehr Bewegung produziert. Und in der das Reisen so einfach und so günstig ist wie noch nie in der Geschichte der Menschheit?"

4.3 Kritische Reflexion der Studie

4.3.1 Inhalt

Müsste den Ergebnissen ein Thema – etwa im Sinne einer Superkategorie – gegeben werden, es wäre: *Überlagertes Fremdsein*. Hiermit soll auf den bestehenden, hier aber nicht systematisch untersuchten Bezug der Kategorien untereinander verwiesen werden. Inhaltliche Grenzen der eigenen Studie werden damit offensichtlich. Die vorgestellten Hauptkategorien wurden jeweils isoliert voneinander herausgearbeitet und diskutiert. Gleichwohl treten sie empirisch bei den Menschen keinesfall immer derart voneinander trennbar auf. Es wird vielmehr immer komplexe Überlagerungen des Fremdseins geben. Dies meint eben die Verwobenheit, die gegenseitigen Bedingungen, mögliche Kumulationen und Interdependenzen der herausgearbeiteten Kategorien. Worin gerade die Fremdheit besteht – ob etwa eher der Rassismus als Schwarzer, die Bevormundung als Geflüchteter oder doch die klassische Überforderung des Migranten mit der Anonymität der Stadt vordergründig ist, lässt sich in der konkreten Situation nicht immer fein säuberlich separiert bestimmen. Letztlich ist es für die Menschen gerade oft beides kombiniert oder mehr: Schwarzer *und* Geflüchteter sein, arbeitslos *und* von Abschiebung bedroht sein. Schon aus Darstellungsgründen musste jedoch eine Form gewählt werden, die dies nicht widerspiegelt, „obwohl klar ist, dass Menschen oft alles zugleich und noch viel mehr sind" (Oulios 2013: 12). Reuter und Warach (2015: 178) betonen in diesem Zusammenhang:

> Es ist eine neue gesellschaftliche Ordnung der Nützlichkeit, die sich mit rassistischen Ordnungen verschränkt, so dass sie Existenzen wie Flüchtlinge und Vertriebene in besonderem Maße trifft .... Sie werden zu maximal Fremden, zu Überflüssigen, die durch die räumliche Separierung auf Distanz gehalten werden.

Es verbinden sich also Ansprüche der gegenwärtigen neoliberalen Ordnung (1.2.5) mit dem Rassismus (3.2). Dies kann dazu führen, dass es die rassistische Ablehnung gar nicht mehr als solche erscheinen lässt. Gerade daher war wichtig, was auch der Anspruch qualitativer Forschung ist: Möglichst viele Facetten und Verwurzelungen von Exklusionserfahrungen aufzuzeigen. Es wurde deutlich gemacht,

dass die Menschen eben gerade vor einem ganzen Bündel verschiedener struktureller Herausforderungen stehen: Die der „normalen" Migration (3.1), die des Rassismus (3.2), die der Stigmatisierung und Bevormundung als Geflüchtete (3.3), die
der Benachteiligung am Arbeitsmarkt (3.4), die der fremdbestimmten Unterbringung, der Asylanerkennung und des unsicheren Bleiberechts (3.5). Jedoch wäre in
einer Folgestudie gerade interessant, jene Dynamiken und Zusammenhänge dieser
Herausforderungen zu beleuchten.[1] Mit einem über die jeweils erarbeiteten Kategorien hinweg gerichteten Blick könnten in einer Folgestudie dann sehr wahrscheinlich auch konkrete Verlaufsformen und Dynamiken von Exklusion
offensichtlich werden, die in dieser Studie nicht abgedeckt worden sind.

4.3.2 Methode

Eine methodische Kritik der Studie muss verschiedene Kriterien zur Beurteilung
ihrer Qualität heranziehen (Steineke 2015: 331). Dies fängt bereits bei der grundsätzlichen Art der Umsetzung des Erkenntnisinteresses in eine wissenschaftliche Studie an, indem nach gelungener Indikation gefragt wird. Ein Interesse an
Exklusionserfahrungen von Geflüchteten während der Zeit ihres Ankommens verknüpft mit dem Anspruch, gegenwärtige Paternalismen in der Debatte nicht zu
reproduzieren, legte ein qualitatives Vorgehen nahe.

Auch die *Indikation* der gewählten Erhebungsmethode des problemzentrierten Interviews ging auf: Die semi-strukturierte Interviewmethode eignete sich
gut dafür, die subjektiven Sichtweisen der Menschen und ihre Relevanzstrukturen offen zu legen und damit den Fokus wie gewünscht auf die Subjektperspektive der Menschen zu richten. Jedoch bestand eine *Limitation* darin, dass bei
den Interviews der biografische Hintergrund der Menschen nicht mit abgedeckt
wurde. Wie sich später zeigte, wäre biografisches Hintergrundwissen allerdings
für die Interpretation der Ergebnisse sehr hilfreich gewesen. Dies zeigte sich mindestens an einer Stelle im Interview mit Paul (52–70). Dieser gab im Zuge von
erlernter Hilflosigkeit bei der Arbeitssuche einen Einblick in seinen psychisch

---

[1]Dafür scheint zum Beispiel der Standpunkt der *Intersektionalität* fruchtbar, welcher sich
im Zuge der *Black Feminism* Bewegung in den USA etablierte (Crenshaw 1991). Er ermöglicht die zusammenhängende Analyse von *Race, Class* und *Gender* sowie weiteren Dimensionen sozialer Ungleichheit (Lutz 2010). Als integrative Analyseperspektive fokussiert
Intersektionalität auf genau jenes Zusammenwirken und die Verwobenheiten und Über-
kreuzungen (*intersections*) verschiedener sozialer Kategorien und Ungleichheiten (Walgenbach 2012: 81).

desolaten Zustand. Zwar konnten deskriptiv die Merkmale seines Zustandes beschrieben werden, für weiterführende Interpretationen wäre es jedoch nötig gewesen, auch etwas über Pauls Lebensgeschichte zu wissen. Ob Paul nicht vielleicht schon seit sehr viel längerem eine Disposition zur Depression aufweist oder einschneidende Erfahrungen in Kamerun oder auf der Flucht machen musste, die seine gegenwärtige Lage beeinflussten, ließ sich nicht rekonstruieren. Schon rein konzeptionell kann das problemzentrierte Interview solche lebensgeschichtlichen Erzählungen nicht abdecken. Sie sind Kern von offen-narrativen Interviews. Für Folgestudien sollte daher überlegt werden, ob nicht Aspekte, die in der Biografie der Menschen zu verorten sind, auch relevant für ein Verständnis gegenwärtiger Exklusionserfahrungen sind und die Interviews dementsprechend geöffnet werden sollten.

Für die Beurteilung der „methodischen Einzelentscheidungen im Kontext der gesamten Untersuchung" (Steineke 2015: 228) muss insbesondere die Frage beantwortet werden: „Passen die Methoden der Erhebung und der Auswertung zusammen?" Hier bestätigte sich, was Brandmaier (2011, 2016) bereits gezeigt hat: Das problemzentrierte Interview ließ sich optimal mit der *qualitativen Inhaltsanalyse* als Auswertungsmethode kombinieren, da beide innerhalb des Kontinuums der Offenheit und Strukturiertheit qualitativer Methoden Mittelpositionen einnehmen[2] und beide sich auf die Perspektiven der Erforschten hin ausrichten ließen. Der große Vorteil an der qualitativen Inhaltsanalyse war, dass es als explizit regelgeleitetes Verfahren die *intersubjektive Nachvollziehbarkeit* der Studie erhöhte. Jedoch ist die qualitative Inhaltsanalyse „nicht darauf angelegt, implizite Bedeutungen, wie sie in der Art und Weise einer Formulierung oder einer Interaktionssequenz zum Ausdruck kommen könnnen, zu erfassen" (Przyborski & Wohlrab-Sahr 2014: 189). Für ein vertieftes Verständnis zentraler Textstellen, wie zum Beispiel die, in der Carl (16) stark ins Stottern geriet, waren wiederum Interpretationsmöglichkeiten deutlich begrenzt. Eine gute Alternative zur qualitativen Inhaltsanalyse, die für Folgestudien in Erwägung gezogen werden sollte, ist die Grounded Theory (Glaser & Strauss 1998; Strauss & Corbin 1996), der eine Pionierrolle im Bereich der qualitativen Methoden zukommt. Auch die Grounded Theory verfolgt das Ziel der Entwicklung eines induktiven Kategoriensystems. Allerdings geht dies mit deutlich mehr Freiheiten bei den einzelnen Kodierschritten einher, was letztlich mehr inhaltliche Tiefe schon bei der Entwicklung der Kategorien ermöglicht.

---

[2]Wobei die qualitative Inhaltsanalyse insgesamt näher am Pol der Strukturiertheit liegt als das problemzentrierte Interview.

Empirische Verankerung ist hier außerdem bereits durch die zugrunde gelegte konzeptionelle Idee von „grounded theories" ermöglicht. Auch in dieser Studie wurde angestrebt, eine solche empirische Verankerung sowohl bei der Erstellung als auch der Interpretation des Kategoriensystems zu gewährleisten. In der Ergebnisdarstellung drückte sich dies beispielsweise darin aus, dem Textmaterial grundsätzlich viel Raum zu geben, eng an diesem zu arbeiten und teils auch längere Interviewpassagen zu zitieren, um daraufhin die Rückführung der Unterkategorien und Konzepte auf konkrete Textsegmente demonstrieren zu können.

Eingang in diese Studie fanden Elemente der Grounded Theory bereits in der *Stichprobenauswahl* durch die systematische Anwendung des Konzepts des Theoretical Samplings. Das schrittweise Vorgehen, die Verzahnung von Auswertung und Erhebung und die fortlaufend den Forschungsprozess begleitenden Reflexionen gewährleisteten die *Kohärenz* der Studie. Das Theoretical Sampling ermöglichte Fallkontrastierungen – das Heranziehen minimaler und maximaler Kontraste. Vergleichen und das systematisches Heranziehen von Kontrasthorizonten erhöhen die Möglichkeiten der *theoretischen* und *analytischen Generalisierung* (Przyborski & Wohlrab-Sahr 2014: 34; Firestone 1993: 17). Damit ist gemeint, dass anhand der in den Daten sich findenden konkreten Situationen und Fälle jeweils ein bestimmter „Zusammenhang, eine Regel oder ein Mechanismus herausgearbeitet" werden kann, der „von allgemeinerer Bedeutung ist" (Przyborski Wohlrab-Sahr 2014). Clifford Geertz (1983) spricht hier auch von sogenannten „dichten Beschreibungen."

Jedoch gab es bei der Stichprobenauswahl auch starke *Selektionseffekte*, die zu beachten sind. Geflüchtete, die nicht Deutsch oder Englisch auf einem Niveau beherrschten, welches dazu befähigte, dass ich mich mit ihnen verständigen konnte, konnten nicht an der Studie teilnehmen. Die Option, eine_n Dolmeterscher_in einzusetzen, zog ich daher in Erwägung, entschied mich jedoch letztlich dagegen. Zu groß schien mir nicht nur der beträchtliche Mehraufwand. Ich befürchtete vor allem auch eine erhebliche Beeinträchtigung der Datenqualität im 3-er-Setting. Mit dem Verzicht auf Übersetzung konnte die Studie somit aber auch nur einen gewissen Prozentsatz der mitunter gebildeteren – vielleicht in besonderem Maße zur schnellen Integration motivierten – Geflüchteten abbilden. Obschon die Kategorie „Soziale Isolation" (3.5.3) in dieser Studie eine zentrale war, könnte sich soziale Isolation aber auch gerade darin ausdrücken, dass betroffene Menschen eben nicht sichtbar oder bereit sind, interviewt zu werden. Paradoxerweise kann dies also dazu führen, dass – obschon Exklusionserfahrungen fokussiert wurden – besonders verhärtete Exklusionsformen von Geflüchteten gerade nicht in dieser Studie dokumentiert sind.[3] Auch weisen Przyborski & Wohlrab-Sahr (2014: 43) daraufhin, dass teils die „Präsentationen des wissenschafltichen Interesses durch die Forscherin ... abschreckend, spekulativ und damit verdächtig auf Personen wirken, die selbst keinem wissenschaftlichen Kontext entstammen." Es kam auch in dieser Studie vor, dass Menschen aus Skepsis meine Anfrage zum Interview ablehnten, wofür zumindest ein konkreter Fall genannt werden kann.[4] Diese verschiedenen Selektionseffekte führten insgesamt dazu, dass ich mir zwar auf theoretischer Ebene sehr genau zurecht legen konnte, welche Menschen ich gerne interviewen wollte, doch war dies in der Praxis nicht immer möglich. Meine Anforderungen an die Merkmale, die die Interviewpartner_innen aufweisen sollten, musste ich daher immer mit der tatsächlichen Verfügbarkeit und Bereitschaft dieser Menschen in Potsdam in Einklang bringen.

Bei der *Transkription* des Interviewmaterials fiel auf, dass etliche Passagen sehr undeutlich gesprochen waren. Manche von ihnen ließen sich auch beim erneuten Hören nicht endgültig – d.h. nur nach bestem Gewissen und großen Bemühungen, das zu verstehen, was ich herauszuhören glaubte – auflösen. Dies lag auch daran, dass das Englische teils von einer Art internem Slang geprägt war, der mir von den Geflüchteten als Mix aus Afro-Englisch mit französischen Wortfetzen beschrieben wurde. Besonders das Interview mit Samuel ist dafür ein gutes Beispiel. Als Außenstehender konnte ich mir seine Art zu sprechen anfangs nur schwer erschließen. Ich ging daher erneut auf Refugees Emancipation zu und legte ihnen vereinzelte Textausschnitte vor. Sie schlüsselten mir einzelne Bedeutungen genauer auf.[5] Nur so konnte ich meine eigene Interpretation an dieser Stelle absichern. Mir wurde somit deutlich, warum es sich bei der Transkription

---

[3]Wie mir über Refugees Emancipation übermittelt wurde, hatte ich damit schätzungsweise aber nur maximal 10% der Geflüchteten aus Afrika in Potsdam abgedeckt. Der Großteil der Menschen spräche ausschließlich Französisch, welches ich wiederum nicht ausreichend genug beherrschte, um ein wissenschaftliches Interview hätte durchführen können.

[4]Der im Folgenden verwendete Name wurde geändert: „Eric, mit dem ich mich die letzten Male immer gut unterhalten konnte, lehnte meine Anfrage für ein Interview ab. Er zeigte Misstrauen meinem Anliegen gegenüber. Er fragte mich: ‚Warum muss das sein?' Er könne doch auch einfach so etwas von sich erzählen, aber aufgenommen und in die Zeitung wolle er auf keinen Fall. Dabei wies ich ihn auf die Anonymisierung der Daten hin. Ich betonte, dass ich gerade kein Journalist sei, der über Geflüchtete schreiben wolle, sondern genau darin ein Problem sähe. Als ich merkte, dass Eric mir aber nicht folgen konnte, hörte ich schnell auf, ihn weiter zu behelligen. Ich sagte ihm, dass ich sein Ablehnen sehr gut verstehen könne. Mir war die ganze Situation nachher auf eine Art sehr unangenehm und gleichzeitig war ich von Erics klarer Haltung sehr beeindruckt" (Feldnotiz: 27.07.2015).

[5]Sie erläuterten mir zum Beispiel, dass *shidon* mit *sit down*, *comot* mit *go out* und *you no fit* mit *you can not* übersetzt werden könne und das *di* eine einfache Betonung darstelle.

nur idealtypischerweise um eine Eins-zu-eins-Wiedergabe der Audioaufnahmen handeln kann, die in der Praxis aber nie fehlerlos und frei vom Einfluss des transkribierenden Menschens ist (Dresing & Pehl 2010: 725).

Die Vorlaufphase mit der Etablierung des Feldzugangs und der *teilnehmenden Beobachtung* explizit mit zur Studie zu zählen, lagen, auf der Hand: Ohne Refugees Emancipation als Gatekeeper wäre die Erhebung qualitativer Interviewdaten in dieser Form nicht realisierbar gewesen, ohne ein Vertrautmachen mit dem Feld und seinen Teilnehmer_innen ebenso nicht. Wie Przyborski und Wohlrab Sahr ausführen, könne die Forscherin

> gegenüber dem Feld keine antiseptische Distanz wahren: Sie nimmt teil, auch wenn sie nur beobachtet. Sie tritt in einen Kommunikationsprozess ein, und in diesen Prozess geht viel von dem ein, was sie als Person mit einem bestimmten Geschlecht, mit sozialen Bindungen, individuellen Eigenschaften, theoretischem Vorwissen, sozialen Ressourcen etc. mitbringt. Da dies … nicht ausgeklammert werden kann, muss es im Prozess der Forschung selbst reflektiert werden. (Przyborski & Wohlrab-Sahr 2014: 44)

Bei der Klärung meines Rollenverständnisses im Feld ergab sich in diesem Zusammenhang eine doppelte Herausforderung: Ich bewegte mich in einem nicht immer einfach auszutarierenden Wechselspiel von *going native* – dem Abtauchen ins Feld – und einem wieder Zurücktreten, um die kritische Distanz des wissenschaftlichen Beobachters einzunehmen (Przyborski & Wohlrab-Sahr 2014: 47). Gerade letzteres musste ich mir immer wieder vor Augen führen. Denn letztlich galt es – wie Thomas (2010a: 466) es als „Grundanspruch qualitativer Sozialforschung" formuliert – zu verhindern, die „unbekannte Lebenswelt" der Geflüchteten „innerhalb des eigenen Verständnishorizontes einfach zu subsumieren und zu vereindeutigen," sondern „dem Leben der Anderen zum eigenen Recht zu verhelfen." Die eigenen Protokollierungen und Feldnotizen, die ich während dieser Phase anfertigte, erwiesen sich geradezu als unverzichtbar zur Prüfung von Fragestellung und methodischer Anlage sowie zur Bestimmung der Kontexteinheit (2.3.2) in der Auswertung. Ähnlich konzipierten Studien wie dieser wäre daher zu empfehlen, der Vorlaufphase noch größeres Gewicht beizumessen und die reichhaltigen Möglichkeiten, die die Ethnografie hier bietet, systematischer zu nutzen (Hammersley & Atkinson 2007; Gobo 2008).

Im Rahmen der *reflektierten Subjektivität* ist ebenso auf die schlichte Begrenztheit meines eigenen Horizonts hinzuweisen: Die Perspektive eines Forschenden, der Weiß, männlich und rechtlich privilegiert ist, wird zu einem weiteren limitierenden Faktor dieser Studie. Forschende aus einer migrantischen und Schwarzen Perspektive haben mitunter ganz andere Verstehensvoraussetzungen

und Einblicke ins Feld als ich. Die Interviewsituation war daher trotz des Bemü-
hens, eine natürliche Atmosphäre herzustellen und dem Bestreben, der Selbstbestimmung der Interviewten so weit es geht zu entsprechen, nicht frei von
Asymmetrien und Machtmomenten. Die Distanz, die aufgrund der unterschiedlichen Positionierungen im sozialen Raum (Bourdieu 1989: 357) zwischen mir und
den Geflüchteten bestand, ließ sich nicht auflösen. Es ist daher ratsam, sie grundsätzlich zu reflektieren (Denzin & Lincoln 2005). Wie Thielen (2009) herausgearbeitet hat, beinhaltet gerade eine Interviewsituation zwischen Menschen aus der
Mehrheitsgesellschaft und Geflüchteten strukturelle Machtmomente, da sie eine
frühere erfahrene Verhörsituation symbolisieren kann: Die Situation, gegenüber
einer Autorität, die ich als Verantwortlicher eines wissenschaftlichen Projekts
zweifelsohne darstellte, Bericht über seine Erfahrungen abzulegen, ist Geflüchteten nicht unbekannt. In Anhörungen in der Ausländerbehörde sind sie dazu regelmäßig aufgefordert. Auf der Grundlage ihrer Erzählungen wird nicht zuletzt die
Entscheidung über die Triftigkeit ihres Asylgesuchs gefällt. Eine solche mögliche
Aktivierung von Machtprozeduren des Asylverfahrens, die in der Architektur der
Interviewsituation begründet liegt, versuchte ich mit dem Hinweis darauf, dass
Aussagen von mir nicht bewertet werden, zumindest oberflächlich entgegen zu
arbeiten. Gänzlich ausschalten konnte ich sie aber nicht. Des Weiteren zeigten
sich mindestens im Interview mit Joel stellenweise typische *Mann-Mann Interak-
tionsmuster*, in denen Männlichkeiten verhandelt und gegenseitig behauptet wer-
den (Meuser 2006)[6] und im Interview mit Patrick klassische *Weiß-Schwarz
Interaktionsmuster*, bei denen die_der Weiße Forscher_in dazu neigt, den erfahrenen
Rassismus des Gegenübers besonders zu bestätigen. Dies macht sie_er, gerade
weil sie_er nicht über vergleichbare Erfahrungen verfügt (Mizock, Harkins &
Morant 2011).[7]

Außerdem spielten *Sprachkompetenzen* eine zu reflektierende Rolle. Die Wahl
der Sprache überließ ich zwar im Sinne der Selbstbestimmung den Geflüchteten.
Asymmetrien in der Sprachkompetenz bestanden jedoch auch hier – vor allem
im Interview auf Deutsch. Im Englischen geriet der Fakt, dass mein Englisch
zwar fließend, aber auch nicht dem Niveau einer muttersprachlichen Person ent-
sprach, nicht zum Nachteil, sondern war der allgemeinen Gesprächsatmosphäre
im Ansinnen nach Augenhöhe eher förderlich. Die Sprache war gleichzeitig ein

---

[6]Joel grenzte sich immer wieder von mir ab. Es entstand oft der Eindruck, als wolle er sich
gegenüber mir behaupten, so wie es in der folgenden Äußerung beispielhaft zum Ausdruck
kommt: „I will speak the broken English with him. And you, you will not understand" (46).
[7]So bestätigte ich Patrick zum Beispiel wie folgt in seinen Rassismuserfahrungen: „Ya, I see.
Ya, of course. Ya, it's/ it's/ it's racism in his/ in it's pure form" (159).

limitierender Faktor, insofern das Sprachniveau auch die inhaltliche Tiefe der erhobenen Daten prädeterminieren konnte. Dies war immer dann der Fall, wenn den Geflüchteten für die Darstellung komplexer Zusammenhänge schlicht die sprachlichen Ausdrucksmittel fehlten. In der Reflexion über die Interviews mit Samuel und Jacques entwickelte ich diese Einsicht. Da in der qualitativen Forschung nicht jede Samplingseinheit den gleichen Informationsgehalt liefert und nicht der Eindruck entstand, dass dieser Umstand gehäuft auftrat, geriet dies aber nicht zu einem ernsthaften Problem.

Abschließend bleibt zu betonen, dass die hier in den Blick genommene Subjektperspektive keinen universellen Charakter besitzt. Mit Blick auf die sozialen Kategorisierungen, die hier wirkmächtig sind, ist sie vor allem: Schwarz und männlich. Damit geht eine wesentliche Limitation des Geltungsbereichs einher. Die herausgearbeiteten Exklusionserfahrungen der Menschen sind im Detail abzugrenzen von denen, die Geflüchtete aus Ländern wie Syrien und Afghanistan machen. Letztere können nicht zu Repräsentant_innen kolonial-rassistischer Figuren gemacht werden, was jedoch eine absolut entscheidende Lebensbedingung für die Menschen aus Kamerun darstellt. Hinweise auf Exklusionserfahrungen, die Geflüchtete aus anderen Regionen womöglich teilen, liefert diese Studie eher an Stellen, die „normale" Herausforderungen der Migration (3.1), allgemeine Stigmatisierungen gegenüber Geflüchteten (3.3) und Belastungen im Zusammenhang mit rechtlicher Benachteiligung (3.4., 3.5) herausarbeiten. Außerdem grenzt sich diese Studie davon ab, die fokussierte männliche Perspektive[8] als universell zu betrachten, was jedoch als Tendenz und grundlegender Mechanismus verstanden werden muss (Kessler & McKenna 1978). Die weibliche Perspektive wird in der Migrationsforschung vernachlässigt (Han 2010). Sie hat „lange Zeit den männlichen Migranten als den Prototyp konstruiert, während Frauen wenn überhaupt als nachziehende Familienmitglieder beschrieben wurden" (Erel 2004: 179). Im Zuge der *Relevanz* von Forschung für die Praxist ist daher die *weibliche Subjektperspektive* in Anschlussstudien zu fokussieren. Nur so lässt sich langfristig auch das Ziel der Relevanz für die Emanzipation der Beteiligten umsetzen, welches in dieser Studie hauptsächlich im Paternalismusabbau bestand.

---

[8]Was vor allem an der geringen Sichtbarkeit von weiblichen, trans- und intersexuellen Geflüchteten liegt (Eifler 2014: 48). Im Rahmen meines Feldaufenthaltes begegneten mir fast ausschließlich Männer. Wiederum spielten dann auch die erwähnten Einschränkungen der Sprachkompetenzen eine ausschließende Rolle. Trotzdem konnte ich mit einer Frau ein Interview führen. Da es jedoch sehr stark aus dem sich zuspitzenden Sample fiel, konnte dieses Interview in dieser Studie (noch) nicht berücksichtigt werden.

4.4 Ausblick

Auch in Zukunft werden Migrations- und Fluchtbewegungen nach Europa und Deutschland stattfinden – wenn nicht eher sich verstärken. Vielleicht wird es nicht wieder so schnell, so einschneidend sein, wie im vergangenen Sommer, aber auch dies ist aufgrund der aktuellen Weltlage jederzeit möglich.[9] Das Argument der „relativen Autonomie der Migration" (Bojadžijev & Karakayali 2007: 203) ist in diesem Zusammenhang einleuchtend und hat sich durch die Erfahrungen der letzten beiden Jahre eher noch bekräftigt. Die deutsche Mehrheitsgesellschaft täte daher gut daran, der Kenntnis Rechnung zu tragen, dass Migration und Flucht nicht die Ausnahme, sondern den „Normalzustand der Gesellschaft darstellt" (Oulios 2013: 411). Dies zu leugnen oder zu ignorieren wäre ein Fehler. Auch sind im Zuge der relativen Autonomie von Migration und Flucht Möglichkeiten, sie in kontrollierte Wege zu leiten oder gar zu bekämpfen, deutlich eingeschränkt. Wie Bojadžijev & Karakayali (2007: 211) treffend schreiben, sei Migration eben kein Wasserhahn, der sich einfach auf- und wieder zudrehen ließe. Zwar werden mit Abschiebungen gern die Kontrolle und Souveränität von Seiten der Nationalstaaten suggeriert, doch werden auch Abschiebungen nichts an dem Faktum ändern, dass weitere Menschen kommen werden. Warum sollten Menschen auch darauf verzichten, sich einen lebenswürdigen Platz zu suchen in einer globalisierten Welt, die unlängst den Anspruch von totaler Mobilität vertritt? Eine solche Welt setzt erst „die Bilder und Narrative für eine soziale Imagination anderer möglicher Leben; und sie setzt die Menschen auf der Suche nach diesen anderen möglichen Leben in Bewegung" (Römhild 2007: 221). Wenn Menschen sich zahlreich über nationale Grenzen hinweg bewegen, schaffen sie sich damit faktisch ihr Recht auf Bewegungsfreiheit. Was (noch) fehlt, ist die Institutionalisierung eines solchen universellen Rechts, was als „Zielmarke für die Weiterentwicklung der Demokratie im 21. Jahrhundert" diskutiert wird (Oulios 2013). Dabei wäre ein solches Recht in Deutschland eine Wiederentdeckung: Oft gerät aus dem Blick, dass bis ins Jahr 1993 hinein bereits ein entsprechendes Grundrecht auf Asyl existierte.

Diese Studie möchte Flucht und Migration ein Gesicht geben. In diesem Zusammenhang zeigt sich, dass Menschen, die wir zu unserem gesellschaftlichen Leben nicht dazugehören lassen, tiefe Fremdheit erfahren. Wir machen sie

---

[9]Insbesondere könnte sich langfristig auch ein sich verstärkender Fokus auf Einwanderung aus Afrika ergeben. Nicht erst dann wäre auch an die koloniale Vergangenheit und historische Verantwortung Deutschlands zu erinnern.

überhaupt erst zu Fremden: Rassismus, Stigmatisierung und Bevormundungen markieren Menschen als fremd und als potentielle Bedrohung für die Gesellschaftsordnung. Geflüchtete sind derzeit die Menschen, die diese Ordnung am stärksten herausfordern. Bei Agamben (2002) gibt es dafür die inzwischen berühmte Figur des Geflüchteten, der das *nackte Leben* verkörpert und als „Materialisierung des Ausnahmezustands" (Agamben 2002: 183) lediglich durch seinen Ausschluss einen Einschluss in die Gesellschaftsordnung erfährt.[10] Bei Baumann (1992: 32) gibt es „Freunde und Feinde. Und es gibt Fremde." Geflüchtete unterwandern als Fremde unsere gängigen Antagonismen und uns vertraute Schemata. Sie besetzen

> Positionen des Weder-noch und des Sowohl-als-auch. Innerhalb einer Ordnung eindeutiger Identitäten gelten Fremde als bedrohlich, was einerseits zu Maßnahmen der Auflösung von Fremdheit führt, die heute mit der Politik der Integration verbunden sind und gleichzeitig zur Identifikation des Fremden durch ... Praktiken der Ausgrenzung, Abgrenzung und Abwertung. (Messerschmidt 2015: 217)

Der hier als Alternative zur Ausgrenzung gezeichnete Weg völliger Auflösung von Fremdheit ist der von Integration als Assimilation. Jedoch kann auch Integration, die lediglich das einseitige Anpassen geflüchteter Menschen meint, nicht zielführend sein. Auf der Suche nach Erklärungen dafür, warum Paul (160) sich fragen muss: „Warum die Leute sagen Integration? So kann ein Flüchtling nicht sich integrieren," hat diese Studie deutlich gemacht, dass vielmehr über Rechte gesprochen und damit der Begriff der *Teilhabe* anstelle dessen diskutiert werden sollte. Die gegenwärtige Rede von Integration lässt einen solchen Fokus bisweilen außer Blick geraten (Bojadžijev & Karakayali 2007: 211). Wie Han (2010: 341) betont, kann jedoch gegenseitiges Zusammenfinden von Menschen in Gesellschaft nur dann gelingen, wenn allen Menschen auch „gleiche Chancen und Rechte in allen gesellschaftlichen Bereichen zugestanden werden."

Wenn daher auch die vollständige Auflösung von Fremdheit nicht gelten kann, dann wäre vielleicht anzuerkennen, worauf Oulios (2013: 410) verstärkt hingewiesen hat: Wir leben schon seit langem in einer Gesellschaft, „in der es eigentlich unmöglich geworden ist, wirkliche Fremdheit festzustellen, weil uns auch

---

[10]Agambens von Benjamins (1920: 202) Idee des „bloßen Lebens" inspirierte Begrifflichkeit setzt an der aristotelischen Trennung des menschlichen Lebens in zoe (natürliches Leben) und bios (qualifiziertes Leben). Zoe – das nackte Leben Geflüchteter – ist in dieser Hinsicht eher dem der Pflanzen und Tiere nahe. Ohne zur Partizipation an Gesellschaft qualifizierende Bürger_innenrechte, bleibt es auf die biologische Existenz beschränkt.

das ‚Fremde' mehr als vertraut ist." Ist nicht gerade Verschiedenheit in der Gesellschaft der Normalzustand? Eine Sichtweise auf Gesellschaft, die deren „Pluralität und Heterogenität als normal erkennt und akzeptiert" (Han 2010: 340), würde dann auch Möglichkeiten eröffnen, Verschiedenheit als eine Bereicherung des Eigenen wahrnehmen zu können.[11] Ebenso wichtig wäre in diesem Zusammenhang, Menschen auf der Suche nach kreativen Formen des Umgangs untereinander, die Alternativen zu Rassismus, Stigmatisierung, Bevormundung darstellen, nicht zu unterschätzen. Menschen können, wie Oulios (2013: 410) betont, „neue Vorstellungen von Gemeinschaft," insbesondere „neue Formen des Zusammenlebens" leben. Dies erzeugt „sozialen Sinn, der zumindest die Möglichkeit in sich trägt, auch neue Vorstellungen von der Welt, in der wir leben, hervorzubringen, ein neues Imaginäres, das die Vorstellungen von Gesellschaft nach dem Modell des ‚nationalen Containers' hinter sich lässt." Diese Arbeit plädiert dafür, sich ein solches Ideal einer anderen möglichen Welt zu bewahren – schon allein deshalb, um auch im Alltag für eine solche Welt aktiv eintreten zu können. Patricks Worte stehen daher am Schluss.

> With the time, with refugees come, many many refugees come now, some of German they are change their mind. Ya, some of German they are change their mind. They are learn to be with another people, you know. So I think with the future Germany will very very change. Yeah. I think. (Patrick: 222)

---

[11]Was hiermit nicht gemeint ist: Die Idee des Multikulturalismus, welcher der Annahme von Unveränderbarkeit und Universalität der Kulturen unterliegt und den Einzelnen entsprechend als „Träger der kollektiven kulturellen Identität" versteht (Han 2010: 332). Sie führt letztlich zur Ethnisierung und somit zu sich tendenziell verstärkenden Grenzziehungen innerhab der Gesellschaft

Literatur

Abramson, L. Y., Seligman, M. E. P., & Teasdale, J. D. (1978). Learned helplessness in humans: Critique and reformulation. *Journal of Abnormal Psychology, 87*, 32–48.

Adler, L. L., & Gielen, U. P. (2003). *Migration: Immigration and emigration in international perspective*. Westport, CT: Praeger.

Adorno, W. T. (1975). Schuld und Abwehr: Eine qualitative Analyse zum Gruppenexperiment. In W. T. Adorno, *Gesammelte Schriften 9* (Bd. 2). Frankfurt am Main: Suhrkamp.

Adorno, W. T. (1997). *Minima Moralia*. Frankfurt am Main: Suhrkamp.

Agamben, G. (2002). *Homo sacer: Die souveräne Macht und das nackte Leben*. Frankfurt am Main: Suhrkamp.

Allport, G. W. (1954). *The nature of prejudice*. Cambridge: Addison-Wesley.

Allport, G. W. (1971). *Die Natur des Vorurteils*. Köln: Kiepenheuer und Witsch.

American Psychological Association. (Hrsg.). (2015). *Publication manual of the American Psychological Association* (6. Aufl.). Washington, DC: American Psychological Association.

Amnesty International. (2016). *Leben in Unsicherheit: Wie Deutschland die Opfer rassistischer Gewalt im Stich lässt*. London: Amnesty International.

Anhorn, R. (2008). Zur Einleitung: Warum sozialer Ausschluss für Theorie und Praxis Sozialer Arbeit zum Thema werden muss. In R. Anhorn, F. Bettinger, & J. Stehr (Hrsg.), *Sozialer Ausschluss und Soziale Arbeit: Positionsbestimmungen einer kritischen Theorie und Praxis Sozialer Arbeit* (2. Aufl., S. 13–48). Wiesbaden: Springer VS.

Arendt, H. (1989). Wir Flüchtlinge. In H. Arendt, *Zur Zeit: Politische Essays* (S. 7–23). München: Dtv.

Asylbewerberleistungsgesetz in der Fassung der Bekanntmachung vom 5. August 1997 (BGBl. I S. 2022), das durch Artikel 8 Absatz 4 des Gesetzes vom 31. Juli 2016 (BGBl. I S. 1939) geändert worden ist. Abgerufen von http://www.gesetze-im-internet.de/bundesrecht/asylblg/gesamt.pdf

Asylgesetz in der Fassung der Bekanntmachung vom 2. September 2008 (BGBl. I S. 1798), das durch Artikel 6 des Gesetzes vom 31. Juli 2016 (BGBl. I S. 1939) geändert worden ist. Abgerufen von https://www.gesetze-im-internet.de/bundesrecht/asylvfg_1992/gesamt.pdf

Aufenthaltsgesetz in der Fassung der Bekanntmachung vom 25. Februar 2008 (BGBl. I S. 162), das durch Artikel 8 Absatz 6 des Gesetzes vom 31. Juli 2016 (BGBl. I S. 1939)

© Springer Fachmedien Wiesbaden GmbH 2017   109
I. Zalewski, *Exklusionserfahrungen geflüchteter Menschen aus Kamerun*,
DOI 10.1007/978-3-658-17806-2

geändert worden ist. Abgerufen von https://www.gesetze-im-internet.de/bundesrecht/aufenthg_2004/gesamt.pdf

Augé, M. (1994). *Orte und Nicht-Orte: Vorüberlegungen zu einer Ethnologie der Einsamkeit.* Frankfurt am Main: Fischer.

Bade, K. J. (2015). Zur Karriere und Funktion abschätziger Begriffe in der deutschen Asylpolitik. *Aus Politik und Zeitgeschichte, 65*(25), 3–8.

Balibar, É. (1990). Gibt es einen „Neo-Rassismus"? In É. Balibar & I. Wallerstein (Hrsg.), *Rasse, Klasse, Nation: Ambivalente Identitäten* (S. 23–38). Hamburg: Argument.

Balibar, É., & Wallerstein, I. (Hrsg.). (1990). *Rasse, Klasse, Nation: Ambivalente Identitäten.* Hamburg: Argument.

Bartlett, F. C. (1932). *Remembering: A study in experimental and social psychology.* Cambridge: Unversity Press.

Baumann, Z. (1992). Moderne und Ambivalenz. In U. Bielefeld (Hrsg.), *Das Eigene und das Fremde: Neuer Rassismus in der alten Welt?* (S. 27–49). Hamburg: Junius.

Beck, A. T., Emery, G., & Greenberg, R. L. (1985). *Anxiety disorders and phobias: A cognitive perspective.* New York: Basic Book.

Beck, A. T., Rush, A. J., Shaw, B. F., & Emery, G. (1986). *Kognitive Therapie der Depression* (2. Aufl.). Weinheim: Beltz.

Behrensein, B., & Groß, V. (2004). *Auf dem Weg in ein „normales Leben"? Eine Analyse der gesundheitlichen Situation von Asylsuchenden in der Region Osnabrück.* Osnabrück: Eigenverlag.

Beiser, M., Dion, R., Gotowiec, A., Hyman, I., & Vu, N. (1995). Immigrant and refugee children in Canada. *Canadian Journal of Psychiatry, 40,* 67–72.

Beiser, M., & Hou, F. (2001). Language acquisition, unemployement and depressive disorder among Southeast Asian refugees: A 10-year study. *Social Science & Medicine, 53*(10), 1321–1334.

Benjamin, W. (1920). Zur Kritik der Gewalt. In W. Benjamin, *Gesammelte Schriften II* (Bd. 1, S. 179–213). Frankfurt am Main: Suhrkamp.

Berger, P. L., & Luckmann, T. (1969). *Die gesellschaftliche Konstruktion der Wirklichkeit: Eine Theorie der Wissenssoziologie.* Frankfurt am Main: Suhrkamp.

Bergold, J. B., & Thomas, S. (2010). Partizipative Forschung. In G. Mey & K. Mruck (Hrsg.), *Handbuch Qualitative Forschung in der Psychologie* (S. 333–344). Wiesbaden: Springer VS.

Birck, A. (2002). Psychotherapie mit traumatisierten Flüchtlingen: Gesellschaftliche Bedingungen und therapeutische Konsequenzen. *Psychotraumatologie, 3*(42).

Bloch, E. (1985). *Erbschaft dieser Zeit.* Frankfurt am Main: Suhrkamp.

Böhnke, P. (2006a). *Am Rande der Gesellschaft: Risiken sozialer Ausgrenzung.* Opladen: Budrich.

Böhnke, P. (2006b). Marginalisierung und Verunsicherung: Ein empirischer Beitrag zur Exklusionsdebatte. In H. Bude & A. Willisch (Hrsg.), *Das Problem der Exklusion: Ausgegrenzte, Entbehrliche, Überflüssige* (S. 97–120).

Bojadžijev, M. (2015). Rassismus ohne Rassen, fiktive Ethnizitäten und das genealogische Schema: Überlegungen zu Étienne Balibars theoretischem Vokabular für eine kritische Migrations- und Rassismusforschung. In J. Reuter & P. Merchil (Hrsg.), *Schlüsselwerke der Migrationsforschung: Pionierstudien und Referenztheorien* (S. 275–288). Wiesbaden: Springer VS.

Bojadžijev, M., & Karakayali, S. (2007). Autonomie der Migration: 10 Thesen zu einer Methode. In Transit Migration Forschungsgruppe (Hrsg.), *Turbulente Ränder: Neue Perspektiven auf Migration an den Grenzen Europas* (S. 209–215). Bielefeld: Transcript.

Bourdieu, P. (1989). Sozialer Raum, symbolischer Raum. In J. Dünne & S. Günzel (Hrsg.), *Raumtheorie: Grundlagentexte aus Philosophie und Kulturwissenschaften* (S. 354–370). Frankfurt am Main: Suhrkamp.

Bourdieu, P. et al. (1997). *Das Elend der Welt: Zeugnisse und Diagnosen alltäglichen Leidens an der Gesellschaft.* Konstanz: UVK.

Bourdieu, P. (12. April 1999). Eine Gefahr für die Grundlagen unserer Kultur. *Die Tageszeitung.* Abgerufen von http://www.taz.de/

Bourdieu, P. (2001a). *Die Regeln der Kunst: Genese und Struktur des literarischen Feldes.* Frankfurt am Main: Suhrkamp.

Bourdieu, P. (2001b). *Gegenfeuer 2: Für eine europäische soziale Bewegung.* Konstanz: UVK.

Brandmaier, M. (2011). *Wie gestaltet sich die Bewältigung traumatischer Erlebnisse im Exil? Möglichkeiten der psychosozialen Unterstützung traumatisierter Flüchtlinge in Deutschland.* Münster: Lit.

Brandmaier, M. (2013). „Ich hatte hier nie festen Boden unter den Füßen": Traumatisierte Flüchtlinge im Exil. In R. E. Feldmann & G. H. Seidler (Hrsg.), *Traum(a) Migration: Aktuelle Konzepte zur Therapie traumatisierter Flüchtlinge und Folteropfer* (S. 15–33). Gießen: Psychosozial-Verlag.

Brandmaier, M. (März 2016). *Handlungsmacht im ohnmächtigen Raum? Handlungsfähigkeit unter Bedingungen sozialer und rechtlicher Exklusion im Kontext der „Sammelunterbringung" Geflüchteter und Asylsuchender in Österreich.* Gehalten auf Migration und Rassismus: Kongress der Neuen Gesellschaft für Psychologie, Berlin. Abgerufen von http://www.ngfp.de/wp-content/uploads/2016/02/NGfP2016_MuR_Programm.pdf

Breuer, F. (Hrsg.). (1998). *Qualitative Psychologie: Grundlagen, Methoden und Anwendungen eines Forschungsstils* (2. Aufl.). Opladen: Westdeutscher Verlag.

Breuer, F. (2009). *Reflexive Grounded Theory: Eine Einführung für die Forschungspraxis.* Wiesbaden: Springer VS.

Bröckling, U. (2007). *Das unternehmerische Selbst: Soziologie einer Subjektivierungsform.* Frankfurt am Main: Suhrkamp.

Bröckling, U. (2008). Enthusiasten, Ironiker, Melancholiker: Vom Umgang mit der unternehmerischen Anrufung Mittelweg. *Mittlweg 36, 17*(4), 80–86.

Bude, H. (2008). Das Phänomen der Exklusion: Der Widerstreit zwischen gesellschaftlicher Erfahrung und soziologischer Reduktion. In H. Bude & A. Willisch (Hrsg.), *Exklusion: Die Debatte über die „Überflüssigen"* (S. 246–260). Frankfurt am Main: Suhrkamp.

Bude, H., & Lantermann, E.-D. (2006). Soziale Exklusion und Exklusionsempfinden. *Kölner Zeitschrift für Soziologie und Sozialpsychologie, 58*(2), 233–252.

Bundesamt für Migration und Flüchtlinge (BAMF). (2013). *Willkommens- und Anerkennungskultur. Handlungsempfehlungen und Praxisbeispiele: Abschlussbericht Runder Tisch „Aufnahmegesellschaft".* Nürnberg: Bundesamt für Migration und Flüchtlinge (BAMF). Abgerufen von https://www.bamf.de/SharedDocs/Anlagen/DE/Publikationen/Broschueren/abschlussbericht-runder-tisch-aufnahmegesellschaft.pdf?__blob=publicationFile

Bundesamt für Migration und Flüchtlinge (BAMF). (2016a). *476.649 Asylanträge im Jahr 2015*. Abgerufen von https://www.bamf.de/SharedDocs/Meldungen/DE/2016/201610106-asylgeschaeftsstatistik-dezember.html

Bundesamt für Migration und Flüchtlinge (BAMF). (2016b). *Das Bundesamt in Zahlen 2015: Asyl*. Nürnberg: Bundesamt für Migration und Flüchtlinge. Abgerufen von http://www.bamf.de/SharedDocs/Anlagen/DE/Publikationen/Broschueren/bundesamt-in-zahlen-2015-asyl.pdf?_blob=publicationFile

Burgess, R. G. (1991). Sponsors, gatekeepers, members and friends: Access in educational settings. In W. B. Shaffir & R. A. Stebbins (Hrsg.), *Experiencing fieldwork: An inside of qualitative research* (S. 43–52). London: Sage.

Camic, P. M., Rhodes, J. E., & Yardley, L. (Hrsg.). (2003). *Qualitative research in psychology: Expanding perspectives in methodology and design*. Washington, DC: American Psychological Association.

Carlsson, J. M., Mortensen, E. L., & Kastrup, M., M. (2006). Predictors of mental health and quality of life in male tortured refugees. *Nordic Journal of Psychiatry, 60*(1), 51–57.

Carlsson, J. M., Olsen, D. R., Mortensen, E. L., & Kastrup, M., M. (2006). Mental health and health-related quality of life: A 10-year follow up to tortured refugees. *The Journal of Nervous & Mental Disease, 194*(10), 725–731.

Carswell, K., Blackburn, P., & Barker, C. (2011). The relationship between trauma, post-migration problems and the psychological well-being of refugees and asylum seekers. *International Journal of Social Psychiatry, 57*(2), 107–119.

Castel, R. (2000). *Die Metamorphosen der sozialen Frage: Eine Chronik der Lohnarbeit*. Konstanz: UVK.

Cremer-Schäfer, H. (2008). Situationen sozialer Ausschließung und ihre Bewältigung durch die Subjekte. In R. Anhorn, F. Bettinger, & J. Stehr (Hrsg.), *Sozialer Ausschluss und Soziale Arbeit: Positionsbestimmungen einer kritischen Theorie und Praxis Sozialer Arbeit* (2. Aufl., S. 162–178). Wiesbaden: Springer VS.

Crenshaw, K. (1991). Mapping the margins: Intersectionality, identity politics, and violence against women of color. *Stanford Law Review, 43*(6), 1241–1299.

Davis, R. M., & Davis, H. (2006). PTSD symptom changes after immigration: A preliminary folloq-up study in refugees. *Torture, 16*(1), 10–19.

Decker, O., Kiess, J., & Brähler, E. (Hrsg.). (2016). *Die enthemmte Mitte: Autoritäre und rechtsextreme Einstellung in Deutschland: Die Leipziger Mitte-Studie 2016*. Gießen: Psychosozial.

Denzin, N. K., & Lincoln, Y. S. (2005). Introduction: The discipline and practice of qualitative research. In N. K. Denzin & Y. S. Lincoln (Hrsg.), *The SAGE handbook of qualitative research* (3. Aufl., S. 1–32). Thousand Oaks: SAGE.

Spiegel. (9. September 1991). *Flüchtlinge, Aussiedler, Asylanten: Ansturm der Armen*. Abgerufen von http://www.spiegel.de/

Spiegel. (26. Juni 2006). *Ansturm der Armen: Die neue Völkerwanderung*. Abgerufen von http://www.spiegel.de/

Dovidio, J. F., Hewstone, M., Glick, P., & Esses, V. M. (2013). Prejudice, stereotyping and discrimination: Theoretical and empirical overview. In *The SAGE handbook of prejudice, stereotyping and discrimination* (S. 3–28). London: SAGE.

Dresing, T., & Pehl, T. (2010). Transkription. In G. Mey & K. Mruck (Hrsg.), *Handbuch Qualitative Forschung in der Psychologie* (S. 723–733). Wiesbaden: Springer VS.

Dresing, T., & Pehl, T. (2015). *Praxisbuch Interview, Transkription & Analyse: Anleitungen und Regelsysteme für qualitativ Forschende* (6. Aufl.). Marburg: Eigenverlag.

Durkheim, E. (1992). *Über soziale Arbeitsteilung: Studie über die Organisation höherer Gesellschaften.* Frankfurt am Main: Suhrkamp.

Eckhardt-Henn, A. (2004). Dissoziation als spezifische Abwehrfunktion schwerer traumatischer Erlebnisse: Eine psychoanalytische Perspektive. In A. Eckhardt-Henn & S. O. Hoffmann (Hrsg.), *Dissoziative Bewusstseinsstörungen: Theorie, Symptomatik, Therapie* (S. 276–294). Stuttgart: Schattauer.

Ehrenberg, A. (2008). *Das erschöpfte Selbst: Depression und Gesellschaft in der Gegenwart.* Frankfurt am Main: Suhrkamp.

Eifler, N. (2014). Zur Situation queerer Refugees. In Pro Asyl & Amadeu Antonio Stiftung (Hrsg.), *Refugees Welcome: Gemeinsam Willkommenskultur gestalten* (S. 48). Darmstadt: Amadeu Antonio Stiftung.

Elias, N., & Scotson, J. L. (1990). *Etablierte und Außenseiter.* Frankfurt am Main: Suhrkamp.

Emerson, R. M., Fretz, R. I., & Shaw, L. L. (1995). *Writing ethnographic fieldnotes.* Chicago: University of Chicago Press.

Erel, U. (2004). Geschlecht, Migration und Bürgerschaft. In B. Roß (Hrsg.), *Migration, Geschlecht und Staatsbürgerschaft: Perspektiven für eine antirassistische und feministische Politik und Politikwissenschaft* (S. 179–188). Wiesbaden: Springer VS.

Fanon, F. (1967). *Black skin, white masks.* London: Grove Press.

Fanon, F. (1981). *Die Verdammten dieser Erde.* Frankfurt am Main: Suhrkamp.

Fanon, F. (1986). Schwarze Haut, weiße Masken. In F. Fanon, *Das kolonisierte Ding wird Mensch.* Leipzig: Reclam.

Farias, P. J. (1991). Emotional distress and its sociopolitical correlates in Salvadoran refugees: Analysis of a clinical sample. *Culture, Medicine and Psychiatry, 15,* 167–192.

Firestone, W. A. (1993). Alternative arguments for generalizing from data as applied to qualitative research. *Educational Researcher, 22*(5), 16–23.

Flick, U. (2000). *Qualitative Forschung: Theorien, Methoden, Anwendung in Psychologie und Sozialwissenschaften* (5. Aufl.). Hamburg: Rowohlt.

Flick, U. (2010). *Qualitative Sozialforschung: Eine Einführung* (3. Aufl.). Hamburg: Rowohlt.

Flick, U. (2014). *The SAGE handbook of qualitative data analysis.* London: SAGE.

Foucault, M. (1994). *Überwachen und Strafen: Die Geburt des Gefängnisses.* Frankfurt am Main: Suhrkamp.

Fromm, E. (1978). Das Undenkbare, das Unsagbare, das Unaussprechliche. *Psychologie Heute, 5,* 23–31.

Furnham, A. (2010). Culture shock: Literature review, personal statement and relevance for the South Pacifc. *Journal of Pacifc Rim Psychology, 4,* 87–94.

Gäbel, U., Ruf, M., Schauer, M., Odenwald, M., & Neuner, F. (2006). Prävalenz der Posttraumatischen Belastungsstörung (PTSD) und Möglichkeiten der Ermittlung in der Asyverfahrenspraxis. *Zeitschrift für Klinische Psychologie und Psychotherapie, 35*(1), 12–20.

Geertz, C. (1983). *Dichte Beschreibung: Beiträge zum Verstehen kultureller Systeme.* Frankfurt am Main: Suhrkamp.

Genova, N. de. (2010). The deportation regime: Souvereignity, space and the freedom of movement. In N. de Genova & N. Peutz (Hrsg.), *The deportation regime* (S. 33–65). London: Duke University Press.

Glaser, B. G., & Strauss, A. L. (1998). *Grounded Theory: Strategien qualitativer Forschung.* Bern: Huber.

Gobo, G. (2008). *Doing ethnography.* London: Sage.

Goffman, E. (1967). *Stigma: Über Techniken der Bewältigung beschädigter Identität.* Frankfurt am Main: Suhrkamp.

Goffman, E. (1971). *Verhalten in sozialen Situationen: Strukturen und Regeln der Interaktion im öffentlichen Raum.* Gütersloh: Bertelsmann.

Goffman, E. (1973). *Asyle: Über die soziale Situation psychiatrischer Patienten und anderer Insassen.* Frankfurt am Main: Suhrkamp.

Gouaffo, A. (2007). *Wissens- und Kulturtransfer im kolonialen Kontext: Das Beispiel Kamerun–Deutschland (1884–1919).* Würzburg: Königshausen & Neumann.

Gurris, N., & Wenk-Ansohn, M. (2009). Folteropfer und Opfer politischer Gewalt. In A. Maercker (Hrsg.), *Posttraumatische Belastungsstörungen* (S. 477–499). Heidelberg: Springer Medizin.

Hammersley, M., & Atkinson, P. (2007). *Ethnography: Principles in practice* (3. Aufl.). Abingdon: Routledge.

Han, P. (2010). *Soziologie der Migration* (3. Aufl.). Stuttgart: Lucius & Lucius.

Hartmann, E. (2011). *Strategien des Gegenhandelns: Zur Soziodynamik symbolischer Kämpfe um Zugehörigkeit.* Konstanz: UVK.

Heitmeyer, W. (Hrsg.). (2002–2011). *Deutsche Zustände: Folge 1-10.* Frankfurt am Main: Suhrkamp.

Hennig, C., & Wießner, S. (Hrsg.). (1982). *Lager und menschliche Würde: Die psychische und rechtliche Situation der Asylsuchenden im Sammellager Tübingen.* Tübingen: AS.

Hilton, J. L., & von Hippel, W. (1996). Stereotypes. *Annual Review of Psychology, 47,* 237–271.

Hirschauer, S. (1999). Die Praxis der Fremdheit und die Minimierung von Anwesenheit: Eine Fahrstuhlfahrt. *Soziale Welt, 50,* 221–247.

Hopf, C. (1978). Die Pseudo-Exploration: Überlegungen zur Technik qualitativer Interviews in der Sozialforschung. *Zeitschrift für Soziologie, 7*(2), 97–115.

Hurtado, A. (1997). Understanding multiple group identities: Inserting women into cultural transformations. *Journal of Social Issues, 53,* 299–327.

Janet, P. (1889). *L´automatisme psychologique.* Paris: Félix Alcan.

Karakayalı, S., & Vassilis, T. (2007). Movements that matter: Eine Einleitung. In Transit Migration Forschungsgruppe (Hrsg.), *Turbulente Ränder: Neue Perspektiven auf Migration an den Grenzen Europas* (S. 7–17). Transcript.

Kaulertz, M. (März 2016). *Bedingungen des Erzählens und Möglichkeiten der Kommunikation: Was bedeutet „Anerkennung" geflüchteter Menschen in zwischenmenschlichen Begegnungen?* Gehalten auf Migration und Rassismus: Kongress der Neuen Gesellschaft für Psychologie, Berlin. Abgerufen von http://www.ngfp.de/wp-content/uploads/2016/02/NGfP2016_MuR_Programm.pdf

Kessler, S. J., & McKenna, W. (1978). *Gender: An ethnomethodological approach*. New York: Wiley.

Kieselbach, T., & Beelmann, G. (2006). Psychosoziale Risiken von Arbeitsplatzverlust und Arbeitslosigkeit. *Psychotherapeut, 51,* 451–459.

Kilomba, G. (2010). *Plantation memories: Episodes of everyday racism* (2. Aufl.). Münster: Unrast.

Kim, U. (1988). *Acculturation of Korean immigrants to Canada* (Dissertation). Queen's University, Kingston, Canada.

Kolb, D. A. (1984). *Experiential learning: Experience as the source of learning and development*. Englewood Cliffs, NJ: Prentice Hall.

Kronauer, M. (1997). „Soziale Ausgrenzung" oder „underclass": Über neue Formen der gesellschaftlichen Spaltung. *Leviathan, 25,* 28–49.

Kronauer, M. (1999). Die Innen-Außen-Spaltung der Gesellschaft. Eine Verteidigung des Exklusionsbegriffs gegen seinen mystifizierenden Gebrauch. In S. Herkommer (Hrsg.), *Soziale Ausgrenzungen: Gesichter des neuen Kapitalismus* (S. 60–72). Hamburg: VSA.

Kronauer, M. (2002). *Exklusion: Die Gefährdung des Sozialen im hoch entwickelten Kapitalismus*. Frankfurt am Main: Campus.

Kronauer, M. (2006). „Exklusion" als Kategorie einer kritischen Gesellschaftsanalyse: Vorschläge für eine anstehende Debatte. In H. Bude & A. Willisch (Hrsg.), *Das Problem der Exklusion: Ausgegrenzte, Entbehrliche, Überflüssige* (S. 27–45). Hamburg: Hamburger Edition.

Kuckartz, U., Dresing, T., Rädiker, S., & Stefer, C. (2008). *Qualitative Evaluation: Der Einstieg in die Praxis* (2. Aufl.). Wiesbaden: Springer VS.

Kühn, A. (März 2016). *Rechtliche Aufenthaltsregulierungen: Eine Qualitative Untersuchung zur Lebenslage von Personen mit befristetem Aufenthalt*. Gehalten auf Migration und Rassismus: Kongress der Neuen Gesellschaft für Psychologie, Berlin. Abgerufen von http://www.ngfp.de/wp-content/uploads/2016/02/NGfP2016_MuR_Programm.pdf

Laban, C. J., Gernaat, H., H., Komproe, I. H., Schreuders, B. A., & Jong, J. de. (2004). Impact of a long asylum procedure on the prevalence of psychiatric disorders in Iraqi asylum seekers in the Netherlands. *The Journal of Nervous & Mental Disease, 192*(12), 843–851.

Laban, C. J., Komproe, I. H., Gernaat, H., & Jong, J. de. (2008). The impact of a long asylum procedure on quality of life, disability and physical health in Iraqi asylum seekers in the Netherlands. *Social Psychiatry and Psychiatric Epidemiology, 43*(7), 507–515.

Lazarus, R. S. (1966). *Psychological stress and the coping process*. New York: McGraw-Hill.

Liessmann, K. P. (2000). Im Schweiße deines Angesichts. In *Die Zukunft von Arbeit und Demokratie* (S. 85–107). Frankfurt am Main: Suhrkamp.

Lindencrona, F., Ekblad, S., & Hauff, E. (2008). Mental health of recently resettled refugees from the Middle East in Sweden: The impact of pre-resettlement trauma, resettlement stress and capacity to handle stress. *Social Psychiatry and Psychiatric Epidemiology, 43*(2), 121–131.

Ludwig-Mayerhofer, W., & Barlösius, E. (2001). Die Armut der Gesellschaft. In E. Barlösius & W. Ludwig-Mayerhofer (Hrsg.), *Die Armut der Gesellschaft* (S. 11–67). Wiesbaden: Springer VS.

Luhmann, N. (1996). Jenseits von Barbarei. In M. Miller & H.-G. Soeffner (Hrsg.), *Modernität und Barbarei: Soziologische Zeitdiagnose am Ende des 20. Jahrhunderts* (S. 219–230). Frankfurt am Main: Suhrkamp.

Lutz, H. (Hrsg.). (2010). *Fokus Intersektionalität: Bewegungen und Verortungen eines vielschichtigen Konzeptes*. Wiesbaden: Springer VS.

Mayring, P. (2000). Qualitative Inhaltsanalyse. *Forum Qualitative Sozialforschung, 1*(2), Art. 20.

Mayring, P. (2010). Qualitative Inhaltsanalyse. In G. Mey & K. Mruck (Hrsg.), *Handbuch Qualitative Forschung in der Psychologie* (S. 601–613). Wiesbaden: Springer VS.

Mayring, P. (2015). *Qualitative Inhaltsanalyse: Grundlagen und Techniken* (12. Aufl.). Weinheim: Beltz.

Merkord, F. (1996). „Wie ein Tropfen Wasser...": Der Alltag von Asylbewerbern und die Sozialarbeit mit Folterüberlebenden. In S. Graessner, N. Gurris, & C. Pross (Hrsg.), *Folter. An der Seite der Überlebenden: Unterstützung und Therapien* (S. 219–236). München: Beck.

Messerschmidt, A. (2015). Fremd machen: Zygmunt Baumans Retrospektionen moderner nationaler Zugehörigkeitsordnungen. In J. Reuter & P. Merchil (Hrsg.), *Schlüsselwerke der Migrationsforschung: Pionierstudien und Referenztheorien* (S. 215–230). Wiesbaden: Springer VS.

Mey, G., & Mruck, K. (Hrsg.). (2010). *Handbuch Qualitative Forschung in der Psychologie*. Wiesbaden: Springer VS.

Miller, K. E., Weine, S. M., Ramic, A., Brkic, N., Djuric Bjedic, Z., Smajkic, A., Boskailo, E., Worthington, G. (2002). The relative contribution of war experience and eile related stressors to levels of psychological distress among Bosnian refugees. *Journal of Traumatic Stress, 15*(5), 377–387.

Mizock, L., Harkins, D., & Morant, R. (2011). Researcher interjecting in qualitative race research. *Forum Qualitative Sozialforschung, 12*(2), Art 13.

Mollica, R. F. (1990). Refugee trauma: The impact of public policy on adaptation and disability. In W. H. Holtzman & T. H. Bornemann (Hrsg.), *Mental health of immigrants and refugees* (S. 251–260). Austin, TX: University of Texas.

Momartin, S., Steel, Z., Coello, M., Aroche, J., Silove, D. M., & Brooks, R. (2006). A comparison of the mental health of refugees with temporary versus permanent protection visas. *The Medical Journal of Australia, 185*(7), 357–361.

Nickerson, A., Steel, Z., Bryant, R., Brooks, R., & Shove, D. (2011). Change in visa status amongst mandaen refugees: Relationship to psychological symptoms and living difficulties. *Psychiatric Research, 187*(1–2), 267–274.

Oberg, K. (1960). Cultural shock: Adjustment to new cultural environments. *Practical Anthropology, 7*, 177–182.

Ochs, E. (1979). Transcription as theory. In E. Ochs & B. B. Schieffelin (Hrsg.), *Developmental pragmatics* (S. 43–72). New York: Academic Press.

Osterkamp, U. (1996). *Rassismus als Selbstentmächtigung: Texte aus dem Arbeitszusammenhang des Projektes Rassismus/Diskriminierung*. Hamburg: Argument.

Oulios, M. (2013). *Blackbox Abschiebung: Geschichten und Bilder von Leuten, die gerne geblieben wären*. Berlin: Suhrkamp.

Ozer, E. J., Best, S. R., Lipsey, T. L., & Weiss, D. S. (2008). Predictors of posttraumatic stress disorder and symptoms in adults: A meta-analysis. *Psychological Trauma: Theory, Research, Practice, and Policy, 1*, 3–36.

Paris, R. (2001). Warten auf Amtsfluren. *Kölner Zeitschrift für Soziologie und Sozialpsychologie, 53*, 705–733.

Park, R. E. (1928). Human migration and the marginal man. *The American Journal of Sociology, 33*(6), 881–893.

Paugam, S. (2008). *Die elementaren Formen der Armut*. Hamburg: Hamburger Edition.

Paul, K., & Moser, K. (2009). Unemployment impairs mental health: Meta-analyses. *Journal of Vocational Behavior, 74*(3), 264–282.

Phinney, J. S. (1990). Ethnic identity in adolescents and adults: A review of research. *Psychological Bulletin, 108*, 499–514.

Pieper, T. (2008). *Die Gegenwart der Lager: Zur Mikrophysik der Lager in der deutschen Flüchtlingspolitik*. Münster: Westfälisches Dampfboot.

Pieper, T. (2012). Flüchtlingspolitik als Lagerpolitik. In Netzwerk MiRA (Hrsg.), *Kritische Migrationsforschung? Da kann ja jedeR kommen* (S. 73–79).

Porter, M., & Haslam, N. (2005). Predisplacement and postdisplacement factors associated with mental health of refugees and internally displaced persons: A meta-analysis. *JAMA: Journal of the American Medical Association, 294*(5), 602–612.

Pro Asyl. (2015). *EU-weite Liste sicherer Herkunftsstaaten?* Abgerufen von https://www.proasyl.de

Przyborski, A., & Wohlrab-Sahr, M. (2014). *Qualitative Sozialforschung: Ein Arbeitsbuch* (4. Aufl.). München: Oldenbourg.

Reiners, D. (2010). *Verinnerlichte Prekarität: Jugendliche MigrantInnen am Rande der Arbeitsgesellschaft*. Konstanz: UVK.

Ressel, N. (1994). *Gesundheitliche und psychosoziale Situation von Flüchtlingen in deutschen Gemeinschaftsunterkünften* (Dissertation). Johannes Gutenberg-Universität, Mainz.

Reuter, J. (2002). Wenn Fremde Fremden begegnen: Zur Darstellung von Indifferenz im modernen Alltag. *Soziale Probleme, 13*(2), 109–127.

Reuter, J., & Warrach, N. (2015). Die Fremdheit der Migrant_innen: Migrationssoziologische Perspektiven im Anschluss an Georg Simmels und Alfred Schütz' Analysen des Fremdseins. In J. Reuter & P. Merchil (Hrsg.), *Schlüsselwerke der Migrationsforschung: Pionierstudien und Referenztheorien* (S. 169–189). Wiesbaden: Springer VS.

Römhild, R. (2007). Alte Träume, neue Praktiken: Migration und Kosmopolitismus an den Grenzen Europas. In Transit Migration Forschungsgruppe (Hrsg.), *Turbulente Ränder: Neue Perspektiven auf Migration an den Grenzen Europas* (S. 217–228). Bielefeld: Transcript.

Rommelspacher, B. (1998). *Dominanzkultur: Texte zu Fremdheit und Macht* (2. Aufl.). Berlin: Orlanda.

Rosenthal, G. (2005). *Interpretative Sozialforschung: Eine Einführung*. Weinheim und München: Juventa.

Ryan, D. A., Kelly, F. E., & Kelly, B. D. (2009). Mental health among persons awaiting an asylum outcome in western countries: A literature review. *International Journal of Mental Health, 38*(3), 88–111.

Schäfer, B., & Schlöder, B. (1994). Identität und Fremdheit: Sozialpsychologische Aspekte der Eingliederung und Ausgliederung des Fremden. *Jahrbuch für Christliche Sozialwissenschaften: Flucht – Asyl – Migration, 35*, 69–87.

Schäfer, P. (2015a). Asyl suchend: Über den Alltag von Flüchtlingen in Leipzig. In F. Eckhardt, R. Seyfarth, & F. Werner (Hrsg.), *Leipzig: Die neue urbane Ordnung der unsichtbaren Stadt* (S. 241–249). Münster: Unrast.

Schäfer, P. (2015b). Das Flüchtlingswohnheim: Raumcharakter und Raumpraxis in der Gemeinschaftsunterkunft. *sinnprovinz: kultursoziologische working papers Nr. 7*. Abgerufen von http://www.sinnprovinz.uni-leipzig.de/tl_files/papers/Sinnprovinz_07_P_Schaefer.pdf

Schlichte, K. (2010). Flucht und Asyl: Zur Genealogie eines Feldes. In M. Misselwitz & K. Schlichte (Hrsg.), *Politik der Unentschiedenheit: Die Internationale Politik und ihr Umgang mit Kriegsflüchtlingen* (S. 23–37). Bielefeld: Transcript.

Scholz, S. (2008). Männlichkeit(en) und Erwerbsarbeit: Neue Herausforderungen in einer flexibilisierten Arbeitswelt. In K.-S. Rehberg (Hrsg.), *Die Natur der Gesellschaft: Verhandlungen des 33. Kongresses der Deutschen Gesellschaft für Soziologie in Kassel 2006* (S. 5177–5187). Frankfurt am Main: Campus.

Schreiber, V., Iskenius, E.-L., Bittenbinder, E., Brünner, G., & Regner, F. (2006). „In meiner Heimat haben sie mich mit Stöckern geschlagen, hier schlagen sie mich mit Watte": Exil in Deutschland als traumatische Sequenz. *Zeitschrift für Politische Psychologie, 14*(1–2), 273–293.

Schütz, A. (1971). Begriffs- und Theoriebildung in den Sozialwissenschaften. In *Gesammelte Aufsätze I: Das Problem der sozialen Wirklichkeit* (S. 55–76). Den Haag: Nijhoff.

Schütz, A. (1972). Der Fremde: Ein sozialpsychologischer Versuch. In A. Schütz, *Gesammelte Aufsätze II: Studien zur Soziologischen Theorie* (S. 43–69). Den Haag: Nijhoff.

Schütz, A. (1982). *Das Problem der Relevanz*. Frankfurt am Main: Suhrkamp.

Schütz, A., & Luckmann, T. (1979). *Strukturen der Lebenswelt*. Frankfurt am Main: Suhrkamp.

Schweitzer, R. D., Brough, M., Vromans, L., & Asic-Kobe, M. (2011). Mental health of newly arrived Burmese refugees in Australia: contributions of pre-migration and post-migration experience. *Australia and New Zealand Journal of Psychiatry, 45*(4), 299–307.

Seligman, M. E. P. (1974). Depression and learned helplessness. In R. Friedman & M. M. Katz (Hrsg.), *The psychology of depression: Contemporary theory and research* (S. 83–125). Washington, DC: Winston-Wiley.

Seligman, M. E. P. (1979). *Erlernte Hilflosigkeit*. München: Urban & Schwarzenberg.

Sennett, R. (1998). *Der flexible Mensch: Die Kultur des neuen Kapitalismus*. Berlin: Berliner Verlag.

Sennett, R. (2006). *The culture of the new capitalism:* New Haven: Yale University Press.

Silove, D., Steel, Z., & Watters, C. (2000). Policies of deterrence and the mental health of asylum seekers. *JAMA: Journal of the American Medical Association, 284*(5), 604–611.

Simmel, G. (1923). Exkurs über den Fremden. In G. Simmel, *Soziologie: Untersuchungen über die Formen der Vergesellschaftung* (3. Aufl.). München/Leipzig: Duncker & Humblot.

Simmel, G. (2006). *Die Großstädte und das Geistesleben*. Frankfurt am Main: Suhrkamp.

Spiegel. (9. September 1991). Flüchtlinge, Aussiedler, Asylanten: Ansturm der Armen. Abgerufen von http://www.spiegel.de/

Spiegel. (26. Juni 2006). Ansturm der Armen: Die neue Völkerwanderung. Abgerufen von http://www.spiegel.de/

Steel, Z., Silove, D., Brooks, R., Momartin, S., Alzuhairi, B., & Susljik, I. (2006). Impact of immigrant detention and temporary protection on the mental health of refugees. *The British Journal of Psychiatry, 188*(1), 58–64.

Steineke, I. (2015). Gütekriterien qualitativer Forschung. In U. Flick, E. v. Kardorff, & I. Steineke (Hrsg.), *Qualitative Forschung: Ein Handbuch* (11. Aufl., S. 319–331). Hamburg: Rowohlt.

Strauss, A. L. (1991). *Grundlagen qualitativer Sozialforschung: Datenanalyse und Theoriebildung in der empirischen soziologischen Forschung.* München: Fink.

Strauss, A. L., & Corbin, J. (1996). *Grounded Theory: Grundlagen Qualitativer Sozialforschung.* Weinheim: Beltz.

Syed, M., & Juang, L. P. (2014). Ethnic identity, identity coherence, and psychological funtioning: Testing basic assumptions oft he developmental model. *Cultural Diversity and Ethnic Minority Psychology, 2,* 176–190.

Tajfel, H. (1978). Social categorization, social identity, and social comparison. In H. Tajfel (Hrsg.), *Differentiation between social groups: Studies in the social psychology of intergroup relations* (S. 61–76). London: Academic Press.

Tajfel, H., & Turner, J. C. (1986). The social identity theory of intergroup behavior. In S. Worchel & W. G. Austin (Hrsg.), *Psychology of intergroup relations* (S. 7–24). Chicago: Nelson Hall.

Täubig, V. (2009). *Total Institution Asyl: Empirische Befunde zu alltäglichen Lebensführungen in der organisierten Desintegration.* Weinheim: Juventa.

Thielen, M. (2009). Freies Erzählen im totalen Raum? Machtprozeduren des Asylverfahrens in ihrer Bedeutung für biografische Interviews mit Flüchtlingen. *Forum Qualitative Sozialforschung, 10*(1), Art. 39.

Thomas, S. (2010a). Ethnografie. In G. Mey & K. Mruck (Hrsg.), *Handbuch Qualitative Forschung in der Psychologie* (S. 462–475).

Thomas, S. (2010b). *Exklusion und Selbstbehauptung: Wie junge Menschen Armut erleben.* Frankfurt am Main: Campus.

Thomas, S. (2013). *Leitfaden zur Anfertigung einer wissenschaftlichen Arbeit.* Potsdam: Fachhochschule Potsdam.

Tinghög, P., Hemmingsson, T., & Lundberg, I. (2007). To what extent may the association between immigrant status and mental illness be explained by socioeconomic factors? *Social Psychiatry and Psychiatric Epidemiology, 42*(12), 990–996.

Vey, J., & Sauer, M. (2016). *Ehrenamtliche Flüchtlingsarbeit in Brandenburg.* Potsdam: Aktionsbündnis Brandenburg

Wagner, U., Christ, O., & Heitmeyer, W. (2013). Anti-immigration bias. In *The SAGE handbook of prejudice, stereotyping and discrimination* (S. 361–376). London: SAGE.

Walgenbach, K. (2012). Intersektionalität als Analyseperspektive heterogener Stadträume. In E. Scambor & F. Zimmer (Hrsg.), *Die intersektionelle Stadt: Geschlechterforschung und Medien an den Achsen der Ungleichheit.* Bielefeld: Transcript.

Ward, C., Bochner, S., & Furnham, A. (2001). *The psychology of culture shock* (2. Aufl.). London: Routledge.

Wason, P. (1960). On the failure to eliminate hypotheses in a conceptual task. *Quarterly Journal of Experimental Psychology, 12,* 129–140.

Weth, H.-U. (2008). Neoliberaler Fundamentalismus und die Erosion des Sozialen. In K. Sanders & H.-U. Weth (Hrsg.), *Armut und Teilhabe: Analysen und Impulse zum Diskurs um Armut und Gerechtigkeit* (S. 27–42). Wiesbaden: Springer VS.

Whyte, W. F. (1981). *Street corner society: The social structure of an Italian slum* (3. Aufl.). Chicago: University of Chicago Press.

Willig, C., & Stainton-Rogers, W. (2008). *The SAGE handbook of qualitative research in psychology*. London: SAGE.

Witzel, A. (1982). *Verfahren der qualitativen Sozialforschung: Überblick und Alternativen*. Frankfurt am Main: Campus.

Witzel, A. (1985). Das problemzentrierte Interview. In G. Jüttemann (Hrsg.), *Qualitative Forschung in der Psychologie: Grundfragen, Verfahrensweisen, Anwendungsfelder*. Weinheim: Beltz.

Witzel, A. (2000). Das problemzentrierte Interview. *Forum Qualitative Sozialforschung*, *1*(1), Art. 22.

Zeh, J. (2015). Exklusion: Ursprung, Debatten, Probleme. In Heinrich-Böll-Stiftung (Hrsg.), *Inklusion: Wege in die Teilhabegesellschaft* (S. 75–81). Frankfurt am Main: Campus.

The manufacturer's authorised representative in the EU is Springer
Nature Customer Service Centre GmbH, Europaplatz 3, 69115 Heidelberg,
Germany. If you have any concerns regarding our products, please
contact ProductSafety@springernature.com

Printed and bound by CPI Group (UK) Ltd, Croydon, CR0 4YY
27/04/2026
02097663-0003